REPARACIONES
y RENOVACIONES

paredes
y techos

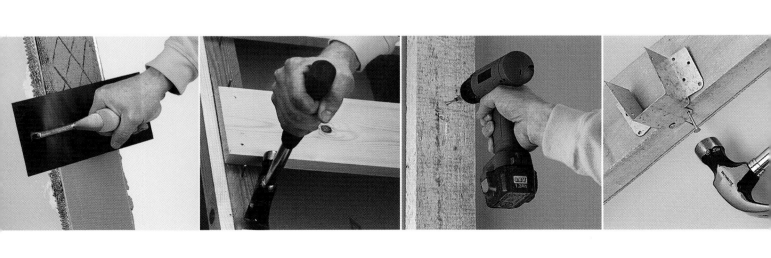

REPARACIONES
y RENOVACIONES

paredes
y techos

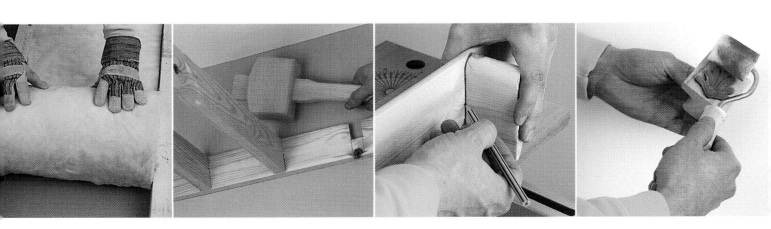

Julian Cassell & Peter Parham

paredes y techos **contenido**

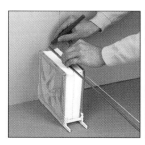

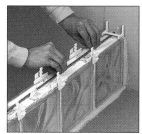

Los bloques de cristal constituyen una decoración sorprendente para cualquier habitación, además de ser relativamente fácil de hacer. Ver página 62.

Los revestimientos decorativos son fáciles de poner y ayudan a proteger la superficie de la pared. Ver página 100.

Introducción

La realización de trabajos de mejora en las casas se está convirtiendo en un pasatiempo muy útil, y cada vez más gente realiza tareas que antes de destinaban a profesionales. La realización de este tipo de trabajos es más económica y también más gratificante que si se llama a un profesional: se garantiza que el efecto final será justo el que deseamos y que el coste será más bajo por no incluir el precio adicional de la mano de obra.

Temas sobre reparaciones y cambios

La gran difusión del bricolaje ha venido propulsada por el espectacular desarrollo del sector de ventas de materiales para este tipo de trabajos, cuya intención es convencernos de que no hay tarea de mejora del hogar demasiado difícil para que cualquier persona con una mente práctica no pueda llevarla a cabo. Aunque es cierto que existe un gran campo para quien desee dedicarse a los trabajos de mejora del hogar, es importante siempre conocer las propias limitaciones desde el principio. Es mejor encarar el bricolaje como un proceso de aprendizaje, reforzando la experiencia y conocimientos antes de emprender trabajos de más dificultad. Este libro trata de trabajos de renovaciones y reparaciones en la casa directamente relacionados con dos de los elementos estructurales más importantes de cualquier vivienda: las paredes y los techos.

Las cuestiones sobre reparaciones se pueden separar de las de renovación: las primeras están relacionadas principalmente con el aprovechamiento de cosas ya existentes, y las segundas se ocupan de mejoras en la apariencia de ciertas zonas de la casa. Por tanto, las renovaciones se apoyan más en el lado creativo de sus habilidades, mientras que las reparaciones suelen depender más de su capacidad práctica para hacer trabajos de restauración de un acabado o de una estructura.

La mayoría de la gente es capaz de reconocer cuándo una zona de la casa necesita adaptaciones o cambios, pero darse cuenta o ver qué cambios se deben hacer exactamente puede ser a menudo un trabajo más difícil.

Por tanto, la inspiración para hacer cambios hay que equilibrarla con las opciones disponibles, que dependen principalmente del presupuesto, del gusto personal, de su habilidad para realizar la tarea o cuánta ayuda y consejo profesional hará falta para ese trabajo. Es mejor tratar cada uno de estos puntos por separado. El más pequeño de los trabajos de renovación o mejora de la casa costará siempre algún dinero, y por tanto es imposible iniciar un trabajo sin decidir la cuantía del presupuesto. Este primer punto de preocupación se cubre con más detalle en el capítulo 2, pero desde el inicio las limitaciones presupuestarias serán el factor determinante a la hora de decidir la amplitud de los trabajos.

El gusto personal es claramente un punto de la mayor importancia cuando se contempla la realización de trabajos de renovación y reparación en la casa. Determine cuál es su situación ideal, y busque un compromiso entre los deseos de las demás personas que se verán afectadas por los trabajos y el valor relativo de su casa. Aunque la mayor parte de los puntos determinantes a la hora de vender una casa se relacionan con las características de baños y cocina, las decisiones sobre la estructura de las paredes y los techos afectarán indudablemente al aspecto de la casa y por tanto a la opinión del comprador potencial. Así pues, debe decidir si sus planes son renovar simplemente para hacer frente a sus necesidades, o si pretende conseguir un nivel general de mejora que también atraerá a los demás.

IZQUIERDA: *La construcción de una ventana de servicio entre dos habitaciones añade un elemento de diseño atractivo y práctico, que también permite una mayor entrada de luz natural a lo que de otro modo sería una zona oscura de la casa.*

DERECHA: *Cuando lo permitan las consideraciones de tipo técnico, una pared de ladrillos de vidrio ofrece una solución sorprendente y de mucho estilo, como alternativa a los diseños de pared tradicionales, y que permite, además, una mayor entrada de luz a la habitación.*

La siguiente cuestión será su habilidad para realizar tareas de mejora de la casa. Este libro tiene en cuenta una gran variedad de técnicas y opciones que cubren todos los aspectos de la renovación de paredes y techos. Sin embargo, algunas técnicas son claramente más exigentes que otras, y por tanto es importante medir bien las propias capacidades. Es siempre recomendable tener alguna fórmula para obtener información y consejo profesional cuando aparezca la necesidad, incluso si es para conseguir orientación más que para proporcionar empleo. Las áreas de fontanería y electricidad son buenos ejemplos de terrenos en los que habrá que recurrir de forma casi segura a la ayuda profesional, especialmente cuando haya que variar el recorrido de cables o tuberías, o hacer adaptaciones para que se ajuste al nuevo diseño de la habitación. Aquí radica también un punto importante de seguridad, ya que se recomienda que nunca se emprenda uno de estos trabajos a no ser que se tengan las cualificaciones necesarias para ello. La seguridad es por tanto un área en la que no se pueden hacer concesiones cuando se realizan trabajos de renovación.

Escalas de dificultad

Los siguientes símbolos están pensados para dar una indicación del nivel de dificultad relacionado con las tareas y proyectos que se explican en este libro. Evidentemente, lo que para una persona es un trabajo sencillo puede ser difícil para otra, y al contrario. Estas guías están basadas sobre todo en la habilidad de un individuo relacionada con la experiencia requerida y el grado de habilidad técnica.

 Sencillo y que no requiere especialización técnica.

 Sencillo pero que requiere un cierto nivel técnico.

 Difícil y puede incluir más de un tipo de trabajo.

 Se requiere un alto nivel técnico.

Consideraciones sobre paredes y techos

Por su propia naturaleza, las paredes y los techos reúnen la mayor superficie de una casa, y por ello pueden ser un factor determinante de la apariencia general. En gran medida, este aspecto final se deberá a los acabados decorativos que se apliquen, pero el diseño y distribución de la casa proporcionará el marco para estos acabados y por tanto para el efecto que se produzca. Además de los gustos personales, habrá que asignar consideraciones, desde el punto de vista de la comprensión, a la arquitectura básica, estilo y época de la casa.

Por ejemplo, por muy buena que le parezca la idea de poner un cielo raso en una casa rústica de época, puede que esa idea no sea tan buena para otra persona, ya que no sólo se evaporará el carácter de la casa, sino que también perderá valor a la hora de venderla. Por tanto, hay una línea de separación entre gusto y arrebato personal, y siempre es mejor tomarse cierto tiempo para meditar las ideas antes de llevarlas a la práctica. La mayoría de la gente ha pensado

en cambiar de algún modo las paredes o sus acabados, pero los techos se suelen olvidar, por lo general, a la hora de hacer mejoras en la casa. Siempre se les concede poca importancia cuando se planifica la obra, y se cree ue será suficiente con darles una mano de pintura cuando el resto de la obra se haya terminado. Por tanto, este libro procura enfatizar que no son aconsejables todas las opciones de mejora de la casa relativas a la posición de los tabiques y los techos, y verdaderamente hay muchas opciones de renovación de techos que van unidas a la eficiencia de su estructura y a los aspectos decorativos y de diseño que se podrían aportar. Por tanto, los techos se deben considerar como parte integrante del aspecto total de la casa, y no deben dejarse de lado como si fuesen un área que simplemente sigue las modas: mucho mejor verlos como superficies que pueden mejorar y complementar el diseño general de la habitación y de la casa.

Los temas de seguridad son naturalmente un asunto primordial, especialmente si se tiene en cuenta que la

distribución y estructura de la casa pueden variar mucho debido a las modas y al paso del tiempo. Es muy importante entender bien la estructura de la casa antes de iniciar los trabajos de renovación, y todos los temas relacionados con el conjunto de techos y paredes se cubren con todo detalle en los capítulos iniciales de este libro.

Por encima de todo, usted debe ser capaz de disfrutar trabajando en los proyectos de renovación o reparación de su casa, ya que una vez que éstos se lleven a cabo con éxito, usted habrá mejorado la apariencia y el espacio disponible de su casa, al mismo tiempo que le ha añadido valor a la vivienda.

DERECHA: *Los colores fuertes enfatizan siempre la textura y el diseño de la disposición de paredes y techos.*

IZQUIERDA ABAJO: *Los frisos disfrutan de una nueva vida como tendencia de moda, y se pueden emplear para vestir tanto paredes como techos.*

Cómo usar este libro

El formato de este libro ha sido pensado para proporcionar unas instrucciones de trabajo lo más claras y sencillas que sea posible. La ilustración que se muestra abajo da una idea de los diferentes elementos que se incorporan en el diseño de página. Las fotos y gráficos en color combinados con texto explicativo y ordenados paso a paso proporcionan unas instrucciones fáciles de seguir. Los recuadros con texto explicativo que ilustran cada proyecto van encaminados a centrar su atención en temas de seguridad, consejos generales y opciones alternativas.

Los círculos de un determinado color le ayudarán a encontrar fácilmente la página cuando consulte otros capítulos.

Al comienzo de cada proyecto se da una lista de las herramientas necesarias.

Los recuadros de opciones ofrecen información adicional sobre los trabajos relacionados con ese proyecto.

Los diagramas ayudan a explicar mejor algunos puntos del diseño o la estructura.

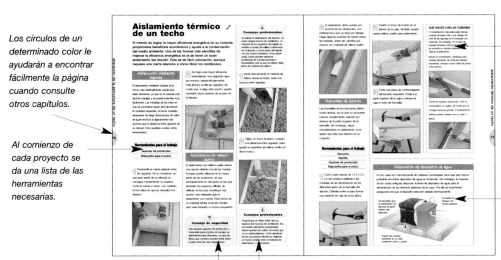

Los recuadros de seguridad pintados en rosa resaltan los puntos de seguridad importantes de cada proyecto.

Los recuadros con consejos proporcionan recomendaciones profesionales sobre la mejor forma de llevar a cabo un trabajo, o señalan tareas en las que se pueden emplear métodos más tradicionales.

anatomía de paredes y techos

Hay muchos factores que afectan a la anatomía o a la estructura de paredes y techos de la casa. Algunas diferencias se refieren a la época, con aspectos que en su momento constituían prácticas habituales en la construcción o derivaban de regulaciones hoy obsoletas y superadas por diseños mejorados y materiales modernos. Las preferencias arquitectónicas pueden conllevar también diferencias de importancia, lo que implica que, aun en edificios de la misma época, pueden encontrarse estructuras de paredes y techos totalmente distintas. Por lo anterior, antes de embarcarse en proyectos de renovación, es importante tratar de identificar los diferentes tipos de estructura de una casa, de modo que pueda tomar sus decisiones con información sobre los tipos y alcance del trabajo que pueda necesitarse. En este capítulo se consideran los tipos más frecuentes de anatomías de paredes y techos, así como los métodos de construcción.

El salón abierto puede extenderse en diseños en varios niveles, en los que el concepto de plano abierto continúa en más de un piso.

11

Construcción de una casa

Las paredes y los techos constituyen, obviamente, componentes fundamentales de la estructura de la casa. Por ello, antes de iniciar un trabajo de renovación, es importante examinar la estructura de la casa en su conjunto. Esto ayudará a reconocer algunos de los elementos principales del diseño y a formarse una idea más clara de la estructura de la casa y de sus características específicas.

La mayor parte de las casas modernas están hechas de ladrillo o de estructura de madera. Sin embargo, existen grandes variaciones al respecto, y edificios de mayor antigüedad pueden presentar diversas estructuras y características. El conocimiento de los principios de construcción de una vivienda pueden ayudar a identificar algunas de las características principales de la casa. Es importante recordar que el papel de las paredes puede resumirse en un aspecto clave: si se trata de muros de carga o no. Las paredes que no son de carga son sólo elementos de partición, y no transmiten el peso de la casa, en tanto que los muros de carga contribuyen de forma fundamental a soportar y transmitir las cargas del peso de los suelos. Este asunto es común a todas las estructuras de la casa y constituye el punto de partida a la hora de adoptar cualquier decisión.

Consejos profesionales

A veces puede resultar difícil identificar si una pared es un muro de carga. Sin embargo, los aspectos siguientes pueden ayudar a comprenderlo:

• Considere que todas las paredes exteriores son muros de carga.

• Verifique si los tablones del suelo corren paralelos a una pared. Esto implica que las viguetas estarán colocadas en dirección perpendicular, por lo que apoyarán en las paredes.

• Mire en el desván y compruebe si el armazón del tejado asienta sobre la pared. Si ése es el caso, la pared soporta el peso del tejado.

• Corte una trampilla de inspección pequeña en el techo, junto a la pared. Esto le permitirá observar la construcción de la pared, comprobando la dirección de la colocación de las viguetas y si la pared tiene una función de soporte.

Aclaraciones sobre las estructuras de madera y de bloques

La mayoría de las casas combinan la madera, los ladrillos y los bloques en su construcción, y estos tres componentes pueden tener una función de transmisión de cargas. En otras palabras, una pared hecha de estructura de madera puede tener la misma capacidad de carga que una hecha de ladrillos o de bloques. De igual modo, una pared hecha de ladrillos o bloques no tiene por qué ser, necesariamente, un muro de carga.

El error generalizado de que una pared de estructura de madera tiene menos capacidad portante que una de bloques macizos o ladrillos debe ser rechazado totalmente. En lugar de juzgar la función de una pared por los materiales de que estén hechas, es más útil analizar el papel que juegan en el conjunto de la estructura de la casa (véase la pág. 13).

Casas de ladrillos

Las casas modernas de ladrillos están basadas en paredes con cámara de aire, con una pared o capa exterior de ladrillos o bloques y una capa o pared, también de ladrillos o bloques. La anchura entre ambas paredes suele ser de unos 50 mm. No debe confundirse este tipo de construcción con el más antiguo de paredes, cuyas características se aproximan más a las construcciones de paredes macizas (derecha).

Para asegurar la fortaleza estructural, la cámara entre las paredes exterior e interior se mantiene con unas ataduras o anclajes especiales. Si la pared interna es portante, estará hecha con ladrillos o bloques. Si no, puede estar construida de forma más ligera, mediante un tabique de entramado o estructura de madera.

Casas de estructura de madera

Tal como indica su nombre, los elementos principales de la estructura de estas casas se realizan utilizando un armazón de madera, aunque estén hechas también con cámara de aire, formando una doble pared. La pared interna de entramado de madera se levanta primero, realizándose después la exterior de ladrillos, bloques o madera. Como en el caso de las casas de ladrillos, las paredes exteriores suelen ser muros portantes. Sin embargo, como la pared interna es de madera, es difícil determinar si la externa es de carga o no.

Construcción de paredes macizas

Este tipo de construcción aparece en casas antiguas, en las que no hay cámara de aire y, por tanto, no hay un sistema de doble pared. Los muros de estas casas suelen ser de mayor espesor, presentando a menudo una estructura de ladrillos o piedras, desde la cara exterior hasta la interior. Las paredes interiores pueden ser del mismo material que las exteriores, o tabiques de entramado de madera, forradas con listones y yeso (véase página 19). Los muros de carga de estas casas presentan casi siempre la misma estructura de piedra o ladrillos que las paredes exteriores.

Consejo de seguridad

La diversidad de los diseños y de la arquitectura de la casa puede hacer compleja la identificación de los elementos estructurales y de transmisión de cargas, dentro de la casa. Ante la menor duda sobre la realización de una tarea cualquiera, busque asesoramiento de un profesional.

Soportes

Los huecos practicados en los muros de carga disminuyen la resistencia del muro. Por esto se necesitarán elementos adicionales de soporte sobre las puertas y ventanas, para integrarlas en el conjunto de la estructura, con objeto de transmitir la carga de la pared que hay sobre el hueco. Estos elementos adicionales de soporte se denominan dinteles, y pueden estar fabricados en madera, piedra, hormigón o metal. El tipo de materiales depende de la época de construcción y del tamaño del hueco. Las técnicas modernas tienden a favorecer el uso de viguetas de acero estirado, en el caso de huecos de mucha luz, en tanto que generalmente se usan dinteles de hormigón armado o de acero estampado galvanizado en el caso de puertas y ventanas. Las paredes dobles de los muros con cámara pueden combinar dinteles de hormigón armado en el paño externo, y dinteles de madera en el interno.

Estructura de la casa

Para entender el papel y la función de las paredes y los techos, puede ser útil ponerlos en el contexto de la estructura completa. Este esquema de la casa muestra la integración de las paredes y los techos, y subraya las zonas de la casa que soportan carga o ayudan a sostener el peso del edificio.

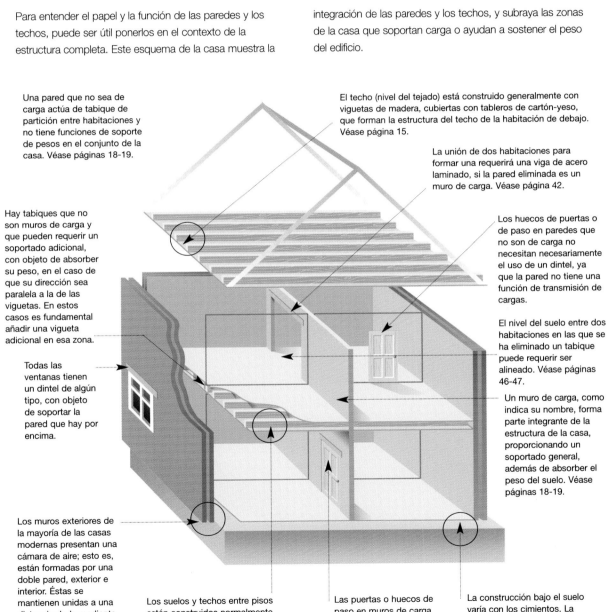

Una pared que no sea de carga actúa de tabique de partición entre habitaciones y no tiene funciones de soporte de pesos en el conjunto de la casa. Véase páginas 18-19.

Hay tabiques que no son muros de carga y que pueden requerir un soportado adicional, con objeto de absorber su peso, en el caso de que su dirección sea paralela a la de las viguetas. En estos casos es fundamental añadir una vigueta adicional en esa zona.

Todas las ventanas tienen un dintel de algún tipo, con objeto de soportar la pared que hay por encima.

Los muros exteriores de la mayoría de las casas modernas presentan una cámara de aire; esto es, están formadas por una doble pared, exterior e interior. Éstas se mantienen unidas a una distancia dada mediante anclajes de pared. Véase páginas 16-17.

Los suelos y techos entre pisos están construidos normalmente con viguetas de madera, cuyo peso está generalmente soportado por los muros exteriores y los muros de carga interiores. Véase páginas 14-15.

El techo (nivel del tejado) está construido generalmente con viguetas de madera, cubiertas con tableros de cartón-yeso, que forman la estructura del techo de la habitación de debajo. Véase página 15.

La unión de dos habitaciones para formar una requerirá una viga de acero laminado, si la pared eliminada es un muro de carga. Véase página 42.

Los huecos de puertas o de paso en paredes que no son de carga no necesitan necesariamente el uso de un dintel, ya que la pared no tiene una función de transmisión de cargas.

El nivel del suelo entre dos habitaciones en las que se ha eliminado un tabique puede requerir ser alineado. Véase páginas 46-47.

Un muro de carga, como indica su nombre, forma parte integrante de la estructura de la casa, proporcionando un soportado general, además de absorber el peso del suelo. Véase páginas 18-19.

Las puertas o huecos de paso en muros de carga interiores disponen siempre de dinteles sobre ellas para proporcionar apoyo a la pared situada por encima.

La construcción bajo el suelo varía con los cimientos. La superficie del suelo normalmente incluye una solera de hormigón, tablas para suelos o tableros de construcción.

Construcción de techos y suelos

La estructura de la casa determina que el techo de una habitación se combine en general para formar el suelo de la habitación situada encima. Dado que las alteraciones en una habitación pueden afectar, por tanto, a la estructura de otra, es fundamental considerar la anatomía de techos y suelos al planear modificaciones. Todas las estructuras mostradas aquí disponen de viguetas de madera que forman la estructura del techo. Sin embargo, muchas casas modernas tienen un techo de hormigón macizo, por lo que habrá variaciones en los aspectos indicados a continuación. Como en la mayor parte de los diseños, las tendencias varían con las épocas, y la estructura básica de la casa depende en gran medida de la época de construcción.

Techos de yeso y listones

Los techos de listones y yeso corresponden a un diseño antiguo, que no se usa en las casas modernas. Sin embargo, aún se encuentran frecuentemente en casas antiguas, pudiendo aparecer en casas que sean objeto de una renovación.

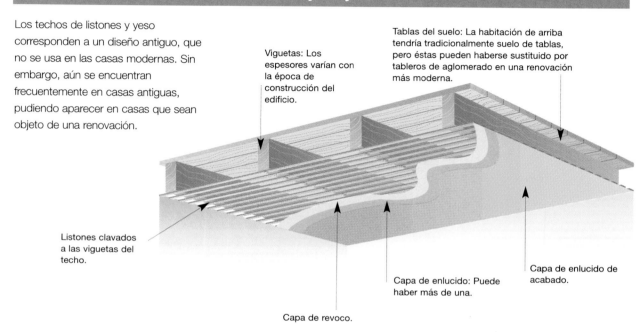

Viguetas: Los espesores varían con la época de construcción del edificio.

Tablas del suelo: La habitación de arriba tendría tradicionalmente suelo de tablas, pero éstas pueden haberse sustituido por tableros de aglomerado en una renovación más moderna.

Listones clavados a las viguetas del techo.

Capa de enlucido: Puede haber más de una.

Capa de enlucido de acabado.

Capa de revoco.

Techos de cartón yeso y escayola

La invención de los tableros de cartón yeso convirtió el uso de listones en un método de construcción de techos pasado de moda y laborioso. Por ello, muchos techos modernos están hechos con una base de cartón piedra, que, a su vez, puede enlucirse, tal como se muestra en este ejemplo, o forrarse en seco, como se indica en la página 15.

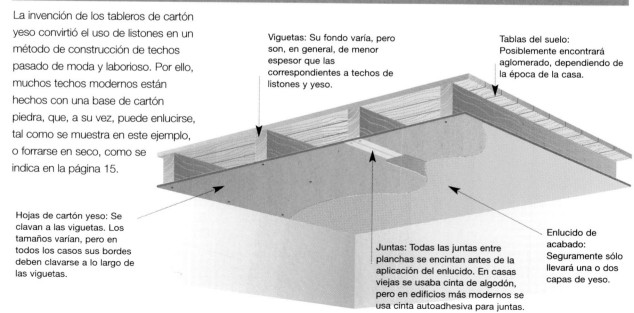

Viguetas: Su fondo varía, pero son, en general, de menor espesor que las correspondientes a techos de listones y yeso.

Tablas del suelo: Posiblemente encontrará aglomerado, dependiendo de la época de la casa.

Hojas de cartón yeso: Se clavan a las viguetas. Los tamaños varían, pero en todos los casos sus bordes deben clavarse a lo largo de las viguetas.

Juntas: Todas las juntas entre planchas se encintan antes de la aplicación del enlucido. En casas viejas se usaba cinta de algodón, pero en edificios más modernos se usa cinta autoadhesiva para juntas.

Enlucido de acabado: Seguramente sólo llevará una o dos capas de yeso.

Techos forrados en seco

Los techos forrados en seco son muy similares a los de cartón-yeso y escayola, pero con una técnica de acabado ligeramente diferente. La cinta para forrado en seco, colocada sobre los bordes achaflanados, sella la junta y proporciona una superficie lisa, lista para su decoración. Ésta es probablemente la estructura más sencilla de techos para ser abordada por un entusiasta del bricolaje.

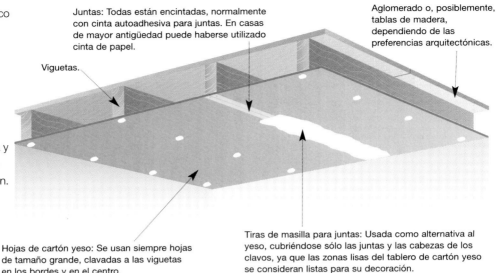

Juntas: Todas están encintadas, normalmente con cinta autoadhesiva para juntas. En casas de mayor antigüedad puede haberse utilizado cinta de papel.

Viguetas.

Aglomerado o, posiblemente, tablas de madera, dependiendo de las preferencias arquitectónicas.

Hojas de cartón yeso: Se usan siempre hojas de tamaño grande, clavadas a las viguetas en los bordes y en el centro.

Tiras de masilla para juntas: Usada como alternativa al yeso, cubriéndose sólo las juntas y las cabezas de los clavos, ya que las zonas lisas del tablero de cartón yeso se consideran listas para su decoración.

Techos de madera

No todos los techos tienen una base de cartón yeso o escayola, y la madera constituye una alternativa usual para este tipo de acabados. De hecho, la madera se utiliza como un forro para la terminación del techo. Con frecuencia la superficie de madera se presenta en tableros machihembrados.

Tablas del suelo: El uso de tablas de madera para el techo suele conllevar un suelo de tarima de madera.

Viguetas.

Tableros machihembrados: Los tableros se encajan para formar una junta nítida. Los tableros se clavan a las viguetas de uno de los modos siguientes: bien de forma invisible, en los machos de las uniones, bien directamente en la superficie de la tabla.

Las tablas de madera están cortadas perpendicularmente, de modo que las uniones queden bajo las viguetas.

Techos del piso superior

El techo situado entre la habitación superior de una casa y la zona de desván suele ser algo diferente en estructura al resto de los techos de la casa. La estructura general dependerá de la época de construcción de la casa y puede asemejarse a los demás techos mostrados anteriormente. La principal diferencia suele ser la presencia de una capa de aislamiento entre la habitación y el desván, pudiendo montarse un suelo sencillo de aglomerado en la capa de arriba.

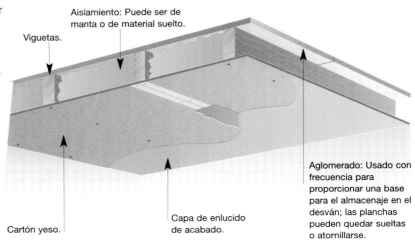

Aislamiento: Puede ser de manta o de material suelto.

Viguetas.

Aglomerado: Usado con frecuencia para proporcionar una base para el almacenaje en el desván; las planchas pueden quedar sueltas o atornillarse.

Cartón yeso.

Capa de enlucido de acabado.

construcción de techos y suelos

15

Paredes exteriores

La función y estructura de una pared se pueden clasificar según se trate de una pared interior o exterior. De forma similar a lo que sucede en los techos, la época de construcción de la casa puede afectar considerablemente al tipo de construcción, al igual que consideraciones arquitectónicas y de diseño. Esto sucede especialmente con las paredes exteriores, que son visibles como un producto terminado, mientras que las paredes interiores proporcionan una superficie plana que recibe una decoración suplementaria. Una vez dicho esto, las paredes exteriores pueden clasificarse en dos categorías sencillas, dependiendo de que sean macizas o dobles, con cámara de aire.

Paredes macizas

Las paredes exteriores macizas, o las que no tienen cámara de aire, suelen encontrarse en edificios antiguos. El espesor y estructura varían, pero la mayoría se asemejan a los ejemplos mostrados abajo.

Paredes con cámara de aire

La mayor parte de las casas modernas tienen paredes exteriores dobles, con cámara de aire. Esto significa que la pared exterior se compone de dos capas, con una cámara o hueco en medio, para lograr un buen aislamiento.

Existen muchas combinaciones posibles para la construcción de estas dos capas, aunque los ejemplos mostrados en la página siguiente ilustran los tipos más habituales.

Pared maciza de ladrillos/bloques

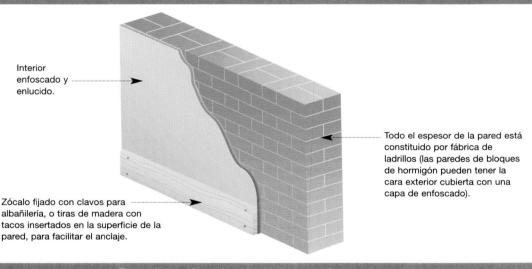

Interior enfoscado y enlucido.

Todo el espesor de la pared está constituido por fábrica de ladrillos (las paredes de bloques de hormigón pueden tener la cara exterior cubierta con una capa de enfoscado).

Zócalo fijado con clavos para albañilería, o tiras de madera con tacos insertados en la superficie de la pared, para facilitar el anclaje.

Pared maciza de piedra natural

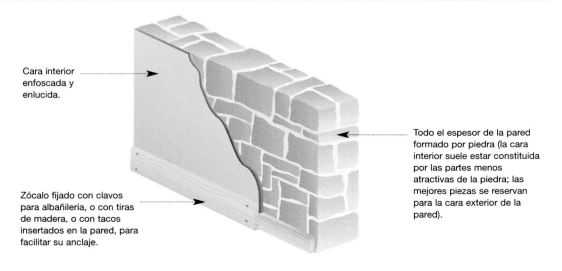

Cara interior enfoscada y enlucida.

Todo el espesor de la pared formado por piedra (la cara interior suele estar constituida por las partes menos atractivas de la piedra; las mejores piezas se reservan para la cara exterior de la pared).

Zócalo fijado con clavos para albañilería, o con tiras de madera, o con tacos insertados en la pared, para facilitar su anclaje.

Pared con cámara de ladrillos/bloques enfoscada y enlucida

Este tipo de pared con cámara se hace con materiales adecuados para paredes macizas y proporciona una superficie de terminación exterior de la casa en ladrillo, y una superficie interior de bloques, que requiere realizar un enfoscado y un enlucido adicionales antes de su pintado.

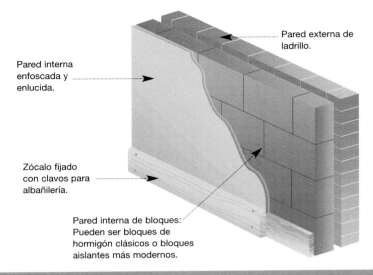

Pared externa de ladrillo.

Pared interna enfoscada y enlucida.

Zócalo fijado con clavos para albañilería.

Pared interna de bloques: Pueden ser bloques de hormigón clásicos o bloques aislantes más modernos.

Pared con cámara de ladrillos y madera

Ésta es una forma de construcción bastante aceptada en casas modernas, en donde la pared externa está construida con material macizo para fachadas, como los ladrillos, y la interna está hecha con entramado de madera.

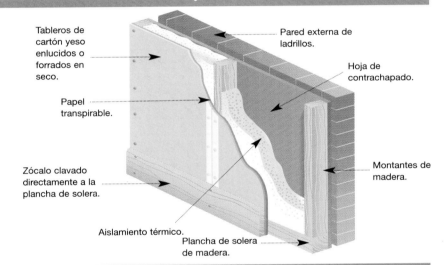

Tableros de cartón yeso enlucidos o forrados en seco.

Papel transpirable.

Zócalo clavado directamente a la plancha de solera.

Pared externa de ladrillos.

Hoja de contrachapado.

Montantes de madera.

Aislamiento térmico.

Plancha de solera de madera.

Pared con cámara de ladrillos/bloques forrada en seco

Este ejemplo muestra que las paredes de bloques pueden combinarse con una técnica de forrado en seco para su acabado. Las paredes externa e interna están construidas como se ha mostrado en el primer ejemplo sobre paredes con cámara, pero el acabado interno es claramente diferente.

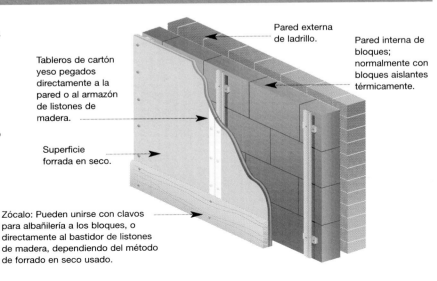

Tableros de cartón yeso pegados directamente a la pared o al armazón de listones de madera.

Superficie forrada en seco.

Pared externa de ladrillo.

Pared interna de bloques; normalmente con bloques aislantes térmicamente.

Zócalo: Pueden unirse con clavos para albañilería a los bloques, o directamente al bastidor de listones de madera, dependiendo del método de forrado en seco usado.

Paredes interiores

Las paredes interiores suelen construirse en una sola capa y, por ello, su espesor no es igual al de las paredes exteriores. Muchas características son similares, pero suele haber gran variedad de estructuras internas de la propia pared. En gran parte depende de si se trata de un muro de carga o no, y, por tanto, de los requisitos estructurales en relación con el resto del edificio.

Construcción maciza

Como sugiere su nombre, estas paredes están hechas de materiales macizos, bloques o ladrillos. La principal diferencia en su estructura proviene del tipo de acabado de su superficie.

Construcción hueca

La construcción de tabiques huecos es muy frecuente en las casas modernas, en las que la mayoría de las viviendas tiene algún tipo de pared hueca. Esto, sin embargo, no significa que la pared no sea necesariamente un muro de carga, y conviene comprobar estos aspectos antes de iniciar el trabajo. Los ejemplos de la página opuesta ilustran los tipos de paredes interiores huecas de uso más frecuente.

De bloques

Superficie enfoscada y enlucida.

Zócalo unido con clavos para albañilería.

De ladrillos

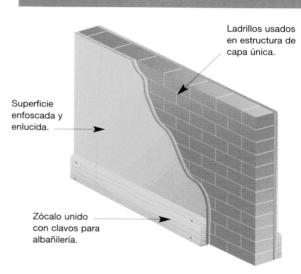

Ladrillos usados en estructura de capa única.

Superficie enfoscada y enlucida.

Zócalo unido con clavos para albañilería.

De bloques, forrada en seco

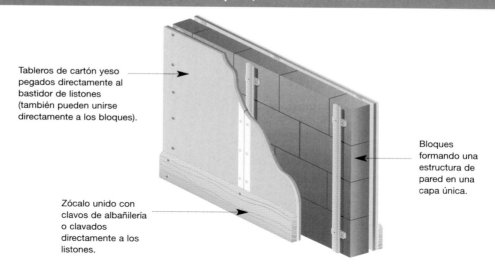

Tableros de cartón yeso pegados directamente al bastidor de listones (también pueden unirse directamente a los bloques).

Bloques formando una estructura de pared en una capa única.

Zócalo unido con clavos de albañilería o clavados directamente a los listones.

Tabique de entramado de madera/cartón yeso

Muy frecuente en tabiques huecos de casas modernas. Fácil de construir y adaptable a la mayoría de las circunstancias.

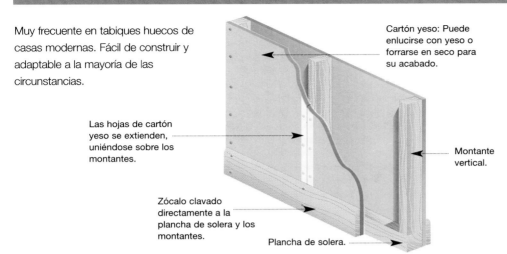

Cartón yeso: Puede enlucirse con yeso o forrarse en seco para su acabado.

Las hojas de cartón yeso se extienden, uniéndose sobre los montantes.

Montante vertical.

Zócalo clavado directamente a la plancha de solera y los montantes.

Plancha de solera.

Tabique seco

Es una pared ligera y de fácil construcción. Su estructura proporciona un producto final rígido.

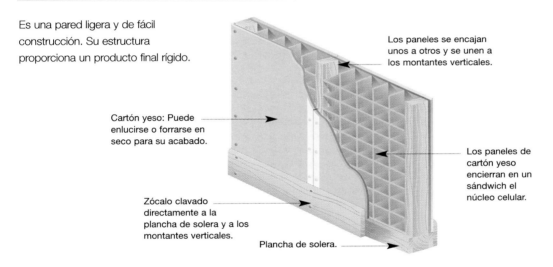

Los paneles se encajan unos a otros y se unen a los montantes verticales.

Cartón yeso: Puede enlucirse o forrarse en seco para su acabado.

Los paneles de cartón yeso encierran en un sándwich el núcleo celular.

Zócalo clavado directamente a la plancha de solera y a los montantes verticales.

Plancha de solera.

Tabique de listones y yeso

Como en el caso de los techos, el uso de los tabiques de listones y yeso corresponde a casas anteriores a la aparición del cartón yeso.

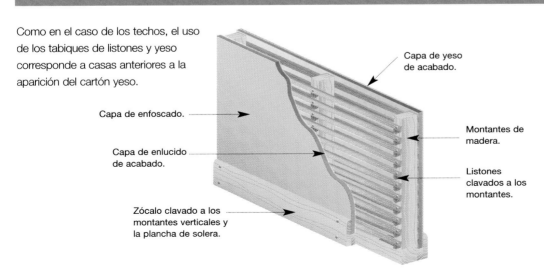

Capa de yeso de acabado.

Capa de enfoscado.

Capa de enlucido de acabado.

Montantes de madera.

Listones clavados a los montantes.

Zócalo clavado a los montantes verticales y la plancha de solera.

planificación

Una cuidadosa planificación es siempre crucial para cualquier clase de trabajo de renovación o reparación, puesto que hay muchísimos aspectos que necesitan sopesarse con cuidado. Además de las herramientas específicas y los materiales que se necesitarán, también es importante saber si hará falta obtener algún tipo de permiso de obra, si será usted capaz de llevar a cabo solo todo el trabajo, cuánto tiempo tendrá que dedicar y cuánto costará. La extensión y naturaleza de un proyecto dependerán en gran medida de algunos de estos aspectos, o de todos ellos. Este capítulo proporciona algunas líneas básicas en todos los apartados mencionados, y ayudará a establecer una buena base para la toma de decisiones y para llevar a cabo un proyecto de renovación.

El uso cuidadoso de espejos, como se muestra en esta foto, ayuda a crear la ilusión de espacio en su cuarto de baño.

Opciones para el cambio

La primera etapa de la planificación debe centrarse en lo que ya existe en la casa y en lo que usted desea cambiar. Ésta se puede considerar como la etapa de reflexión; sin embargo, hay que comprobar la compatibilidad de cualquier idea que surja con la estructura existente de su casa. La inspiración a la hora de diseñar puede tomar muchas formas, y usted debe ser capaz de representar sus necesidades con facilidad. Por otra parte, es posible que usted también necesite encontrar ideas en revistas o en otras casas.

Distribución abierta

Unir dos habitaciones en una sola, o agrandar la entrada entre dos cuartos, son maneras de crear una distribución más abierta. Esta fórmula proporciona una atmósfera más luminosa y espaciosa, pero es necesario tener en cuenta la viabilidad de mover tabiques total o parcialmente, en especial cuando se trata de paredes maestras. Sin embargo, esta forma de renovación puede cambiar espectacularmente el aspecto de su casa y transformar radicalmente una habitación atestada y más bien oscura en un diseño de gran atractivo. En una época en la que el espacio es un lujo, hay que aprovechar cualquier oportunidad que se presente de hacer el mejor uso posible de todas las zonas.

DERECHA: *La distribución abierta de un salón comedor proporciona una sensación de confort y tranquilidad a su casa, lo que resulta muy apropiado para los interiores modernos con una buena utilización del espacio.*

Habitación con baño

Levantar un tabique para construir un cuarto de baño dentro de la habitación es una reforma muy común que se lleva a cabo en muchas casas. Las consideraciones desde el punto de vista de la construcción son sencillas, pero conviene tener en cuenta el gasto total que supondrá la instalación del cuarto de baño, incluyendo los gastos de fontanería. No sólo será necesario alargar las tuberías del agua sino que también habrá que hacerlo con los conductos de desagüe. El resultado final habrá valido la pena, ya que añade comodidad a su estilo de vida, especialmente cuando se trata de familias numerosas, ya que al construir un nuevo cuarto de baño se descongestiona el empleo del baño principal.

IZQUIERDA: *Aunque los baños dentro de una habitación parecen a veces un poco angostos, se pueden emplear espejos para compensar esta impresión, ya que crean la ilusión de mayor espacio.*

Techo abierto a dos niveles

El diseño de techos no siempre necesita limitarse a un diseño plano bidimensional. Analice las opciones para construir un techo abierto a dos niveles, o, en la planta superior, busque la posibilidad de dejar las vigas vistas para crear una atmósfera más abierta y ligera. Cualquiera de estas dos opciones requerirá bastante trabajo adicional, pero los resultados añadirán mucho carácter a los techos en su conjunto.

Techos decorados

No siempre es necesario incurrir en grandes esfuerzos estructurales para mejorar la apariencia de un techo. Por ejemplo, simplemente añadiendo elementos decorativos, como molduras y rosetas de escayola, a un techo ya existente se consigue una mejora espectacular. Estos adornos pueden poner con relativa facilidad, y proporcionan un efecto instantáneo de mejora que aumenta el nivel decorativo de la habitación.

Opciones de paredes

Igual que se pueden añadir componentes decorativos de escayola a los techos, también se pueden añadir a la superficie de las paredes, para ayudar a mejorar una superficie plana y monótona. Se usan también diferentes tipos de elementos de madera, junto con otras técnicas decorativas, como, por ejemplo, pintura con acabados especiales o barnices para madera natural. Los fabricantes están constantemente tratando de satisfacer este mercado, por lo que producen una gran variedad de productos que proporcionan un aspecto tradicional y son fáciles de usar.

ARRIBA: *La distribución abierta de este salón se puede sumar a un diseño de techo abierto a dos niveles, en el que el tema general de amplitud se extiende a más de un piso.*

IZQUIERDA: *Las molduras decorativas que componen este techo añaden atractivo decorativo a esta entrada, una zona muchas veces subestimada en numerosas casas.*

ABAJO: *En este cuarto de baño se ha utilizado la técnica de friso machihembrado en paredes y techo, lo que proporciona un esquema decorativo inesperado pero bien equilibrado.*

Herramientas y equipamiento

La variedad de herramientas y equipamiento necesarios para completar las tareas de bricolaje puede ser abundante y extensa. Muchas de las herramientas básicas son ya multiuso y pueden componer lo que se llamaría "el kit de herramientas doméstico". Una vez que ya se tiene este conjunto base de herramientas indispensables, se puede continuar comprando instrumentos más especializados cuando hagan falta. Aunque no es necesario gastarse una fortuna en este tipo de material, es generalmente una buena regla comprar las herramientas de la mejor calidad que sea posible, porque duran más y funcionan mejor.

Herramientas domésticas

Estas herramientas domésticas contienen los instrumentos indispensables para llevar a cabo un gran número de pequeños trabajos y arreglos de la casa. Aunque este kit no resolverá cualquier situación, proporciona sin embargo un buen punto de partida, a partir del cual se pueden ir añadiendo herramientas más específicas según hagan falta.

Martillo de uña

Material de lijado

Cepillo de alambres

Destornilladores de punta plana

Destornilladores de estrella

Manguitos aislantes

Puntero

Detector de cables, tuberías y viguetas

Cúter

Alicates universales

Punzón

Lápiz de carpintero

Alicates de corte lateral

Alicates de puntas

Lima de media caña

Formones de uso general

Piedra de afilar

Taladro/destornillador sin cable

Pistola de sellador

Escalera

Alicates de presión

Mazo de madera

Cinta métrica

Mordaza

Sierra de metales pequeña

Mininivel

Espátula/rasqueta

Bloque para ingletes

Serrucho

Herramientas eléctricas

Estas herramientas están pensadas para hacer más fáciles y rápidos algunos trabajos. Para la mayoría será suficiente con aparatos de calidad mediana, ya que los más caros están pensados para darles un uso diario. Además de esto, el precio de estas herramientas ha caído bastante, y es posible comprar aparatos de calidad a precios bajos. Para algunas tareas, puede valer incluso la pena comprar de los más baratos cuando va a ser para un uso muy limitado y después se va a arrinconar el aparato.

Taladro eléctrico

Fresadora

Sierra de calar

Lijadora eléctrica

Herramientas de albañilería

Para llevar a cabo cambios es necesario ampliar el kit doméstico de herramientas añadiéndole las indispensables para realizar trabajos de este tipo. Cuando compre herramientas de esta clase conviene concentrarse en sus necesidades específicas, sin dejarse tentar por alternativas baratas que serán de uso escaso a largo plazo. Por el contrario, trate de comprar material de buena calidad probada y conocida, que durará muchos años y le servirá para muchos proyectos de bricolaje. Si no está seguro de cuál es el mejor producto, consulte con el vendedor.

Pala

Martillo pilón, mazo de metal

Marcador de juntas o espátula de rejuntar

Paleta para esquinas

Paleta para rincones

Paleta puntiaguda

Paleta de amasar

Paleta para ladrillos

Cubo de plástico

Llana de enlucir

Paleta portamezclas

Cepillo de carpintero

Sierra para planchas de yeso

Elevador de puertas y tablones

Palanqueta

Mezclador eléctrico

Sierra de ingletes

Escuadra

Plomada

Cordel entizado

Sierra para metales

Niveles de agua

Nivel

Hoja de rejuntar

Banco de trabajo

Escoplo con protección

Cortafríos

Mazo pequeño

Cuchilla para cintas y recubrimientos

ALQUILER DE HERRAMIENTAS

Para trabajos concretos que precisen de material pesado, o herramientas que sean muy caras, lo más conveniente es alquilar este equipo. Este área se ha convertido en un sector potente del mercado del bricolaje, y las tiendas de alquiler están esforzándose continuamente para atender a las necesidades, tanto de los aficionados a los trabajos de mejora de la casa, como a los profesionales de estos oficios.

Materiales de construcción - 1

Los materiales que se emplean al construir una casa son naturalmente muchos y variados, y dependen por supuesto de la edad del edificio y de su diseño. Sin embargo, hay una gran cantidad de materiales que son comunes en la mayoría de los trabajos de construcción, y unos cuantos ejemplos se muestran aquí. Los elementos que se señalan a continuación son los modernos componentes básicos que se pueden emplear para trabajos básicos de renovación; los elementos y productos que se utilizan para unir los que aquí se indican y darles un acabado previo a la pintura, se detallan en las páginas 28 y 29.

Planchas y accesorios de construcción

Plancha de cartón yeso: Se fabrica en muchos espesores y variedades. Se utiliza como base para enlucidos o acabados en seco.

Tabla de fibras de densidad media: Se conoce habitualmente por las siglas md y se emplea como tabla de uso general en construcción. Se fabrica en varios espesores y variedades.

Contrachapado: Tablero de uso general en construcción que se fabrica con láminas finas de madera pegadas entre sí. Se fabrica en varios espesores y variedades que ofrecen diferentes propiedades.

Arco de yeso preformado: Se utiliza como plantilla fija para dar forma a entradas o aberturas en arco.

Moldura para techo: Se emplea como recurso decorativo en la unión de la pared con el techo. Hay modelos de moldura más complicados que se utilizan de forma similar.

Soportes y barras

Barra de insonorización: Se emplea para insonorizar paredes y techos en combinación con las láminas de aislante del ruido.

Perfil de pared: Se utiliza para unir tramos nuevos de tabique de bloques con otros ya existentes.

Unión del perfil de pared: Se enganchan en los perfiles de pared y se insertan entre hileras de bloques para obtener mayor solidez.

Soportes para viguetas: Todos ellos se emplean para sujetar los extremos de las viguetas en las uniones con la pared.

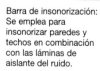

Junquillo en ángulo o cantonera: Moldura de metal que se usa para conseguir esquinas bien acabadas cuando se hace el enlucido.

Ladrillos y bloques

Ladrillo: Se fabrica en diferentes colores, acabados y formas. Pueden tener diferentes características y propiedades.

Piedra natural: Se encuentra sobre todo en construcciones antiguas. En las construcciones nuevas se emplea como material para acabado visto.

Bloque de aislamiento térmico: Se utiliza sobre todo para la parte interior de los tabiques dobles. A veces se fabrica en tamaño más grande que el bloque estándar.

Bloque de vidrio: Material de construcción para hacer paredes decorativas. No soporta carga.

Bloque de hormigón: Usado en paredes internas de muros con cámara de aire, y también en tabiques interiores, tanto si son de carga como si no lo son. Algunas veces se fabrica con una cara acabada en piedra para utilizarse en paredes exteriores. También puede usarse en ocasiones en paredes exteriores enfoscadas.

Madera blanda serrada de 10 cm x 5 cm: Material de uso general en construcción.

Madera blanda preparada (5 cm x 2,5 cm): Usada en entramados para revestimientos o colocación de cartón yeso.

Madera blanda preparada (12,5 cm x 2,5 cm): Tamaño habitual para tablas de suelos y otros usos diversos en construcción.

Tablero machihembrado: Usado para forrar paredes y techos. Otros tableros de mayor espesor o resistencia se utilizan también en suelos.

Moldura de panel: Elemento decorativo añadido a las puertas lisas, o para obtener un efecto de panelado en la pared.

Moldura para pared: Moldura decorativa utilizada en el perímetro de la habitación. Está disponible en diversos diseños y tamaños.

Arquitrabe: Usado en los huecos de puertas. Está disponible en diversos diseños y tamaños.

Zócalo o rodapié: Elemento de protección y decoración de las uniones de paredes y suelos. Disponible en todos los tamaños y muchos diseños.

Materiales de aislamiento

Plancha de aislamiento sonoro: Se suministra en planchas de 120 cm x 60 cm. Se usa en paredes, techos y suelos, para aislar del ruido.

Lana mineral: Suministrada en rollos o mantas y utilizada para aislar térmicamente en desvanes y paredes de entramado de madera.

Aislamiento de relleno suelto: Es una alternativa a la lana mineral.

Sistemas falso techo suspendido

Sección de ángulo: Forma el armazón externo del falso techo.

Soporte principal: Forma el bastidor principal del sistema.

Losetas de techo: Se monta al bastidor formado por los soportes.

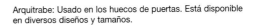

Soporte transversal: Se ajusta entre los soportes principales.

Soportes de ángulo: Usados para unir el alambre de soporte al techo.

Alambre: Se sujeta en su sitio el bastidor, uniendo los soportes principales al techo.

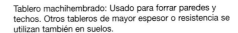
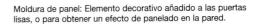

Materiales de construcción - 2

Además de los elementos estructurales de mayor importancia, es necesario tener los materiales correctos para realizar las fijaciones y para conseguir un acabado perfecto. Los materiales que se enumeran a continuación cubren la mayoría de tareas relacionadas con trabajos de construcción de paredes y techos, aunque hay que entender que puede haber pequeñas variaciones en la forma y diseño de los materiales según los fabricantes, por lo que conviene que consulte con el vendedor en caso de duda.

planificación

28

Fijaciones mecánicas

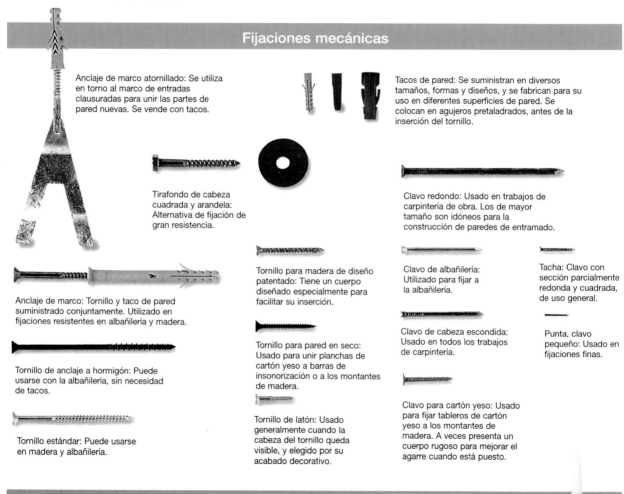

Anclaje de marco atornillado: Se utiliza en torno al marco de entradas clausuradas para unir las partes de pared nuevas. Se vende con tacos.

Tacos de pared: Se suministran en diversos tamaños, formas y diseños, y se fabrican para su uso en diferentes superficies de pared. Se colocan en agujeros pretaladrados, antes de la inserción del tornillo.

Tirafondo de cabeza cuadrada y arandela: Alternativa de fijación de gran resistencia.

Clavo redondo: Usado en trabajos de carpintería de obra. Los de mayor tamaño son idóneos para la construcción de paredes de entramado.

Anclaje de marco: Tornillo y taco de pared suministrado conjuntamente. Utilizado en fijaciones resistentes en albañilería y madera.

Tornillo para madera de diseño patentado: Tiene un cuerpo diseñado especialmente para facilitar su inserción.

Clavo de albañilería: Utilizado para fijar a la albañilería.

Tacha: Clavo con sección parcialmente redonda y cuadrada, de uso general.

Tornillo de anclaje a hormigón: Puede usarse con la albañilería, sin necesidad de tacos.

Tornillo para pared en seco: Usado para unir planchas de cartón yeso a barras de insonorización o a los montantes de madera.

Clavo de cabeza escondida: Usado en todos los trabajos de carpintería.

Punta, clavo pequeño: Usado en fijaciones finas.

Tornillo estándar: Puede usarse en madera y albañilería.

Tornillo de latón: Usado generalmente cuando la cabeza del tornillo queda visible, y elegido por su acabado decorativo.

Clavo para cartón yeso: Usado para fijar tableros de cartón yeso a los montantes de madera. A veces presenta un cuerpo rugoso para mejorar el agarre cuando está puesto.

Materiales de relleno y selladores

Sellador o material de relleno en tubos: Muchos selladores o rellenos flexibles se suministran en tubos. Se requiere una pistola de sellador para sacar el material del tubo.

Material de relleno multiuso: El relleno multiuso se mezcla con agua para formar una pasta, a fin de rellenar agujeros en la mayor parte de las superficies.

Masilla para juntas: Se suministra ya mezclada. Se utiliza para recubrir las juntas encintadas y las cabezas de clavos, cuando se forra en seco.

Materiales de ligazón y acabado

Capa de acción ligante: Se añade agua. Usada como relleno resistente antes de enlucir.

Enlucido bajo capa: Se añade agua y se usa como capa inferior en enlucidos multiacabados.

Cemento: Se mezcla con agua y arena para obtener mortero, usado en construcción y otros usos generales.

Yeso una capa: Se añade agua y se usa como enlucido de uso general.

Capa de acabado con textura: Se añade al agua a fin de obtener una mezcla para acabados con textura para paredes y techos.

Arena de construcción: Se añade al cemento y al agua para obtener mortero, usado en la construcción.

Yeso multiacabado: Se añade agua y se usa como enlucido de acabado, en la última capa.

Arena fina: Se utiliza para algunas clases de mortero y también para uso general.

Adhesivos

Plastificante: Aditivo para mortero, para facilitar su uso.

Cintas

Cinta para unir en ángulo: Se usa al hacer el enlucido en seco para los rincones y esquinas.

Cinta de rejuntar: Cubre las uniones entre dos planchas de cartón yeso.

Cinta de carrocero: Usada para proteger superficies mientras se pinta, o para sujetar temporalmente pesos pequeños en su lugar.

Cinta aislante: Cinta de PVC multiuso.

Cinta autoadhesiva de rejuntar: Usada para cubrir las juntas entre hojas de cartón yeso. De fácil aplicación.

Cinta para aislamiento térmico y sonoro: Se utiliza a lo largo de las uniones del techo con las paredes y alrededor de las ventanas y puertas.

PVA. Adhesivo de polivinilo: Adhesivo multiuso usado diluido o concentrado.

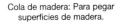

Cola de madera: Para pegar superficies de madera.

Cómo empezar

Antes de iniciar un proyecto, es importante planificar de forma general cómo se va a encarar el trabajo, así como el orden sucesivo de las tareas. Las reparaciones sencillas y los cambios pequeños no suelen acarrear muchos problemas, pero una planificación inadecuada al llevar a cabo un proyecto de mayor envergadura puede dar lugar a verdaderas dificultades. Incluso cuando el trabajo físico está bien organizado, algunos temas como las normas de edificación o los permisos de obra pueden necesitar más atención.

Permisos de obras

Antes de empezar un proyecto de construcción, debe considerarse si el trabajo específico previsto necesita una licencia de obras. La mayoría de los trabajos en el interior de una casa no requieren licencia de urbanismo, y, con ello, no será una preocupación para la mayor parte de los trabajos que sea probable que emprenda por usted mismo. Sin embargo, hay algunas circunstancias que debe conocer antes de empezar una renovación.

Restricciones

La mayoría de las restricciones se dan en casas clasificadas como edificios catalogados o situados en zonas de conservación, parques nacionales o áreas de belleza natural destacada. Si su propiedad encaja en una de estas categorías, póngase siempre en contacto con el departamento de urbanismo municipal, antes de comenzar la planificación.

Sin embargo, incluso en este caso, una autorización formal rara vez se necesita en modificaciones en interiores, mejoras menores, y reparaciones generales y mantenimiento. Los proyectos que seguramente necesitarán una licencia de obras son generalmente aquellos en los que se hace un "cambio de uso" de una zona de la casa, normalmente cuando se persiguen fines de negocios, como, por ejemplo, si desea dividir una zona de la casa para su uso comercial, o crear un estudio o apartamento separado. Hablando de forma general, además de las restricciones aquí mencionadas, siempre que no se altere la apariencia externa de la casa, los trabajos en interiores podrán realizarse sin demasiados obstáculos urbanísticos. No obstante, si tiene dudas sobre qué está permitido, conviene contactar con su Ayuntamiento.

El trabajo en exteriores puede estar a veces sujeto a restricciones de edificación estrictas. Verifíquelo siempre con la autoridad competente antes de embarcarse en un trabajo que pueda requerir autorización.

Reglamentación de la edificación

Si bien es poco probable que una renovación en el interior requiera realmente permiso urbanístico, todos los trabajos de construcción tienen que hacerse de acuerdo con la reglamentación de edificación. Cuando planee hacer algún trabajo de construcción, contacte con la oficina de control de edificación de su Ayuntamiento, que puede proporcionarle guías para el trabajo que planea emprender.

Realización de un plano a escala

Siempre resulta sensato el hacer un plano a escala del trabajo propuesto de construcción, con objeto de tener una idea clara de las cantidades necesarias de materiales. No tiene por qué estar hecho según las normas arquitectónicas, pero debe proporcionar un detalle suficiente para que usted se haga una buena idea del efecto que tendrá el proyecto y de cómo cambiará el aspecto actual de su casa. El papel milimetrado siempre facilita la realización de los dibujos técnicos y permite una medición más precisa. A menudo puede convenir añadir el mobiliario al diagrama, de modo que se pueda percibir el efecto de la modificación en la disposición general de la habitación. Esto puede ser de especial importancia en el caso de una división de una habitación existente en dos zonas separadas, al reducirse obviamente el espacio disponible.

Escalas de tiempos

Considere siempre la escala de tiempos necesaria para completar el proyecto, ya que puede tener influencia en el momento oportuno para comenzar los trabajos. Por ejemplo, mientras algunos proyectos pueden ejecutarse en un fin de semana, otros necesitan un plazo mayor, provocando trastornos en la casa durante varios días. La mayor parte de los proyectos mostrados en este libro están diseñados para ser realizados en un fin de semana, aunque tendrá que volver sobre la tarea, para completar el acabado final y la

Muchas tareas causarán algún trastorno en el hogar. Tenga esto en cuenta al planificar los trabajos, y trate de comenzarlos en un momento que convenga a todos los que se verán afectados.

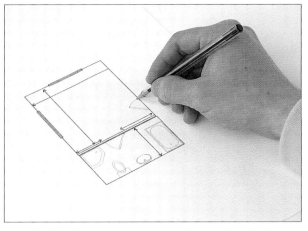

La realización de un plano a escala puede ayudarle a visualizar el efecto de cualquier trabajo en su entorno. El mostrar en el dibujo el mobiliario también ayudará.

decoración, lo que significa una duración total algo superior. Cuando comience a combinar varios proyectos, o a trabajar en zonas mayores, la finalización de los trabajos puede resultar más complicada. Esto es particularmente cierto en aquellos proyectos que se realizan en fines de semana o por las tardes, por lo que es aconsejable bien dividir los proyectos en partes más pequeñas, que puedan ser completadas como parte de una renovación más amplia; bien sacar tiempo todos los días, con objeto de avanzar en una tarea específica y reducir al mínimo los trastornos. De otro modo, la presión para terminar el trabajo puede llevar a la realización de un trabajo inadecuado, con un acabado pobre. No subestime el tiempo necesario para un proyecto y considérelo una parte importante del proceso de planificación, con objeto de decidir la fecha y horario en que hay que hacer el trabajo, y en qué plazo se prevé su finalización.

Preparación del presupuesto

El mayor gasto en un proyecto de construcción suele ser el de mano de obra, y, así, si se reduce el coste de ésta, se reduce el coste total. Si se necesitan profesionales de oficios, debe darles una prioridad a la hora de preparar su estrategia presupuestaria. Aparte de esto, los costes de los materiales pueden estimarse de una forma relativamente sencilla, siempre que se tomen mediciones precisas. Recuerde que comprar algunos materiales en cantidad puede conllevar descuentos significativos, y conviene recorrer varios establecimientos para lograr el precio más ventajoso. Esto es especialmente importante con artículos de uso frecuente, como la madera de uso general o el yeso y cemento, ya que su mercado es muy competitivo y los precios pueden variar de una semana a otra. Si su planificación es detallada, tiene mayores posibilidades de mantener el presupuesto. No obstante, conviene siempre construir con un margen sobre sus cifras, de modo que si el trabajo dura más, o necesita más materiales, se pueda completar el proyecto sin retrasos.

Trato con profesionales

Antes de cualquier trabajo, debe establecer cuál es capaz de hacer por usted mismo y qué parte del trabajo va a encargar a un profesional. Es poco probable que las renovaciones o reparaciones pequeñas necesiten mucha ayuda, pero para abordar obras importantes tendrá que solicitar seguramente los servicios de profesionales. En tal caso, conviene que identifique los tipos de asistencia requeridos y que sepa cómo obtener el mejor servicio de los profesionales de oficios.

Arquitectos y aparejadores

En algunas circunstancias resulta necesaria la contratación de arquitectos o aparejadores. Aunque no se consideran "profesionales de oficios", proporcionan servicios que hacen posible que los trabajos prácticos de renovaciones importantes puedan planearse y realizarlos en la forma adecuada. Los arquitectos sólo se necesitan en proyectos ambiciosos, en los que hay que considerar características importantes de diseño y elaborar planos. También puede convenirle contratar un arquitecto o aparejador en grandes proyectos, con un cometido de gestión del proyecto, a fin de que supervisen el trabajo en general. Tenga en cuenta que estos servicios cuestan dinero, y los honorarios para vigilar los trabajos puedne suponer un 10 por 100 adicional al coste original de establecimiento de los planos. Por ello, acuda sólo al arquitecto o aparejador si cree que es absolutamente necesario y dispone de los fondos necesarios.

El consejo profesional es siempre una buena idea en proyectos importantes, especialmente en proyectos que requieran licencia urbanística. Considere esos costes cuando planifique el trabajo.

Selección de buenos profesionales de oficios

El primer obstáculo importante cuando tiene que contratar profesionales para su casa es encontrar los que estén capacitados y sean fiables. Si está buscándolos a través de anuncios, la selección entre tres o cuatro opciones añadirá pocas probabilidades de encontrar un buen profesional, frente a la selección de uno único, al azar. Tampoco la pertenencia a asociaciones del oficio es, en muchos casos, una garantía de calidad. Si a usted le influyen esas cuestiones, compruebe sus credenciales, tanto con la propia asociación, como con agencias independientes. Sin duda, el mejor método para garantizar la calidad del trabajo de un profesional de oficio antes de contratarlo es el conseguir información de primera mano. Esto puede conseguirse por la recomendación de algún amigo o vecino, o, simplemente, solicitando ver algún trabajo de construcción que esté ejecutando en su zona, contactando previamente con el propietario o el constructor.

Estimaciones y precios

Antes de que un profesional empiece a trabajar en su casa, es muy importante que sepa cuánto va a costarle el trabajo. En esto puede usted encontrarse en el "campo de minas" de las estimaciones, cotizaciones y precios. El principal factor a tener en mente en esta etapa es que, si usted ha recibido una estimación, se trata exactamente de eso, de una estimación. El precio realmente pagado al final podría verse inflado considerablemente. Si es posible, procure contratar al profesional a un precio, de modo que, si no cambian las especificaciones del trabajo, éste será el precio realmente pagado al final. En algunas circunstancias puede necesitarse una estimación, ya que puede no tener una decisión final sobre las especificaciones y necesita observar el avance del proyecto. No obstante, cuanto más pueda aproximarse a un precio total, antes del comienzo de los trabajos, en mejor posición se encontrará para el establecimiento del presupuesto y en el seguimiento de los pagos. En lo que a los pagos se refiere, nunca cometa el error de pagar cantidades adelantadas, excepto en el caso de circunstancias especiales. Por ejemplo, si el profesional suministra materiales caros, es usual el pago inicial correspondiente a esos materiales. En caso contrario, no hay razón para pagar antes de la realización del trabajo y de que usted sepa si queda satisfecho del producto terminado.

Mantenga abiertas las líneas de comunicación, de forma que, aunque el coste del proyecto pueda incrementarse ligeramente con el avance del trabajo, se pueda negociar en cada etapa, ayudándole a vigilar el coste total.

En proyectos largos, es habitual el establecimiento de pagos por etapas, pero deje siempre el pago mayor para la finalización del trabajo. Por último, desconfíe de los constructores y profesionales que sólo acepten pagos sin factura. Aunque haya ahorros potenciales en este modo, esto significa que usted no tendrá retorno, en caso de trabajos defectuosos o problemas en fechas posteriores, sin mencionar la posible ilegalidad frente a las autoridades fiscales.

Extras

Al realizar el pago final, el término "extras" o "trabajos extraordinarios" puede tener un efecto y una cifra impactantes, con relación a lo que usted esperaba pagar. En muchos casos puede corresponder a artículos autorizados por usted a lo largo de los trabajos, pero, aun en estos casos, siempre es mejor obtener un precio para los trabajos extraordinarios, antes de su realización, de modo que estas sorpresas no se produzcan en el momento del pago final. También se puede establecer una cláusula en la estimación inicial, relativa a que todo trabajo adicional sólo podrá realizarse con su consentimiento y remunerado a una tarifa horaria fijada. Así será mucho más fácil tener un seguimiento de los gastos, y el dinero a pagar no se incrementará sin su conocimiento.

Evitar disputas

Las disputas pueden evitarse si usted sigue las reglas de contratación. Más de la mitad de las disputas se ahorrarían mediante la selección del profesional adecuado. Tendrá ventajas adicionales si el precio recibido está por escrito y con el trabajo a realizar detallado. Éste será un documento de referencia importante para todas las partes. Aparte de esto, los principales problemas que suelen aparecer son los derivados de una ejecución del trabajo no conforme a los estándares exigibles, o cuando el trabajo es realmente diferente del acordado inicialmente. La mayoría de estos problemas pueden resolverse mediante el diálogo y el compromiso, y suele ser mejor evitar tener que utilizar los cauces legales, si no es absolutamente necesario. Si está muy insatisfecho del trabajo realizado, su única opción es la de retener el pago y trasladar el asunto a su abogado. Si sigue estas pautas, estará bien equipado para abordar la contratación de diversos profesionales de oficio para su casa. Simplemente, tenga en cuenta que, en cualquier ocupación, hay buenos y malos profesionales, y que el sector de la construcción recibe más críticas de las necesarias. Sin embargo, si dispone de un profesional de confianza, págale en plazo, recomiéndelo a sus amigos y considere sus intereses, con lo que cuidará también los propios.

Los profesionales de oficio harán un buen trabajo por el precio justo. Sin embargo, antes de acordar los términos y condiciones del contrato, establezca los plazos y gastos del proyecto.

cambios en la estructura de una pared

La extensión y el tipo de trabajos que se requerirán para cambiar la estructura de una pared dependerán en gran medida de la estructura existente en esa pared. Antes de tomar ninguna decisión sobre los cambios que se desean hacer, es importante identificar el tipo de pared que realmente se tiene, de manera que se pueda escoger el mejor método para hacer la transformación. Como casi siempre, el punto decisivo es si se trata de una pared de carga o de una normal; una vez que esto se sabe con exactitud, se puede comenzar a realizar la planificación para llevar a cabo el cambio. En este capítulo se cubren unos cuantos proyectos, algunos con más implicaciones estructurales que otros, pero muchas de las tareas señaladas tienen que ver con los cambios de estructura de las paredes de la casa y sus finalidades estéticas.

Una distribución abierta en este salón comedor proporciona una atmósfera de descanso y comodidad para la casa y cuanto la rodea.

Seguridad en el trabajo

La seguridad es siempre de la mayor importancia al considerar los aspectos de los trabajos de mejora de la casa. Además de las herramientas de trabajo de tipo general, es también imprescindible formar una colección de material de seguridad, de manera que usted esté correctamente protegido cuando lleve a cabo cualquier trabajo en la casa. A la hora de escoger el equipamiento de seguridad, no renuncie nunca a la calidad y asegúrese de que los artículos que compra tengan bien a la vista los certificados de seguridad.

Primeros auxilios

El tipo de heridas más frecuentes, cuando se realizan trabajos de bricolaje, es, a gran distancia de las de otros tipos, los pequeños rasponazos y abrasiones. Por tanto, es muy importante tener en casa un botiquín de primeros auxilios que contenga todo lo necesario para curarlas.

✋ Consejo de seguridad

Cuando se lleva a cabo algún trabajo de bricolaje es muy importante recordar que el exceso de entusiasmo de los niños, o la naturaleza curiosa de los animales, puede dar lugar a algún accidente. Por tanto, ¡trate siempre de mantener alejados a unos y otros de la zona de trabajo!

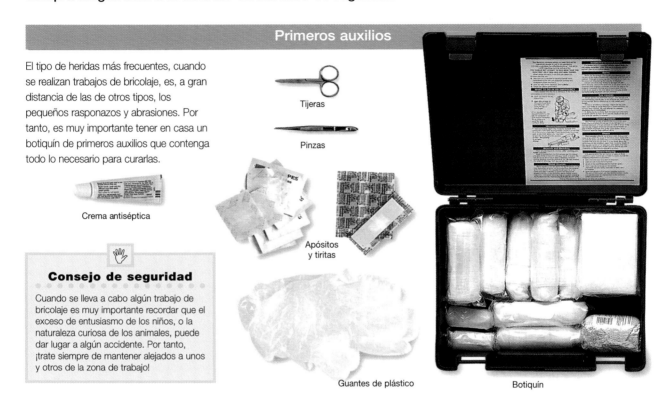

Tijeras

Pinzas

Crema antiséptica

Apósitos y tiritas

Guantes de plástico

Botiquín

Material de seguridad

Existe una gran variedad de material de seguridad disponible para diferentes tipos de trabajo de bricolaje. Algunos artículos son específicos para trabajos concretos, pero muchos otros, como por ejemplo las botas de seguridad o gafas y guantes de protección, se deben usar en la mayoría de los casos.

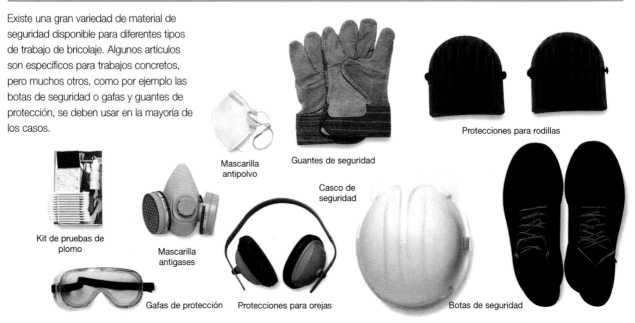

Mascarilla antipolvo

Guantes de seguridad

Protecciones para rodillas

Kit de pruebas de plomo

Mascarilla antigases

Casco de seguridad

Gafas de protección

Protecciones para orejas

Botas de seguridad

El disponer de un acceso fácil a todas las zonas de una habitación es una parte importante del código de seguridad en el trabajo. No se arriesgue nunca a herirse, estirándose excesivamente o extralimitándose. En vez de ello, utilice escaleras o plataformas de acceso, de modo que pueda alcanzar con facilidad cualquier parte de la habitación. Esto debe tenerse especialmente en cuenta en trabajos en el exterior, en donde las torres de andamios o las plataformas mecánicas pueden resultar una buena opción. Esta clase de equipos se puede alquilar y con ello se ayuda a tener un entorno de trabajo seguro, además de ahorrar tiempo cuando se necesita hacer un trabajo en altura de cierta extensión.

Escaleras

Las escaleras han constituido siempre la opción más versátil y utilizada comúnmente de los equipos de acceso. Sin embargo, a pesar de su construcción sencilla y facilidad de uso, hay varias reglas, simples, pero importantes, que deben seguirse para su utilización.

• Asegúrese de que la distancia entre la base de la escalera y la pared es un cuarto de la distancia entre la base de la pared y el extremo superior de la escalera.
• Asegúrese de que la base de la escalera apoya sobre una superficie nivelada y no deslizante.

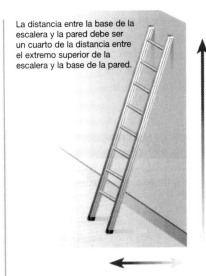

La distancia entre la base de la escalera y la pared debe ser un cuarto de la distancia entre el extremo superior de la escalera y la base de la pared.

La colocación cuidadosa de la escalera es vital para la seguridad de su usuario.

• Asegúrese de que el extremo superior de la escalera apoye bien en la pared.
• Asegúrese de que todos los peldaños están sujetos firmemente y no están dañados en modo alguno.

Las escaleras multiuso se construyen en aluminio y las hay que se pueden emplear como escaleras de peldaños, escaleras extralargas, e incluso como plataformas de trabajo. Sin embargo, tanta versatilidad significa también que usted tendrá que consultar cuidadosamente la guía del usuario, ya que los mecanismos de sujeción pueden variar según los modelos y los fabricantes.

CUIDADO GENERAL DE LAS HERRAMIENTAS

Los accidentes son causados con frecuencia por herramientas sobre las que se ha hecho un mantenimiento pobre o tan viejas que su uso ya no es seguro. Por tanto, un buen mantenimiento de las herramientas no sólo le permitirá sacar el mejor partido de ellas, sino que además le permitirá cerciorarse de que pueden usarse de forma segura. Se indican ahora algunos puntos a considerar en el mantenimiento y la seguridad.

• Los formones, cepillos y equipos de corte deben mantenerse siempre tan afilados como se pueda. Se producen más accidentes por el deslizamiento de una herramienta mal afilada sobre una superficie que por herramientas afiladas. Una piedra de afilar es idónea para mantener un formón afilado como una navaja de afeitar.

• Los cables de las herramientas eléctricas pueden romperse o fisurarse. Deben ser inspeccionados con regularidad para verificar que están en buen estado. Las herramientas eléctricas en general pueden también necesitar una revisión periódica. Además, la eficacia de estas herramientas puede verse disminuida por los accesorios utilizados con ellas. Por ello, las brocas y hojas que se utilizan con ellas deben renovarse cuando sea necesario, ya que las viejas pueden forzar el funcionamiento de la herramienta eléctrica utilizada.
• Los martillos pueden resbalar a menudo sobre la cabeza del clavo que se intenta clavar. Para evitarlo, lije la superficie de golpeo del martillo, con objeto de limpiarlo y de tener un buen agarre. Pueden sorprender las diferencias conseguidas con este simple método. Esta técnica puede aplicarse a cualquier clase de martillo, y es útil en cualquier procedimiento en el que se use un martillo.

Una sencilla plataforma de trabajo

Los caballetes ajustables permiten establecer la altura más apropiada para el trabajo que se va a realizar.

Asegúrese de que los caballetes están colocados a una distancia de 1,5 m entre sí.

Coloque los caballetes a intervalos bajo las tablas del andamio.

Asegúrese de que todos los pies de los caballetes se apoyan sobre el suelo.

identificación de problemas – 1

Las grietas y defectos en la superficie de una pared o un techo suelen a menudo parecer un problema mayor de lo que realmente es. Sin embargo, a pesar de que la primera preocupación aparente es la estética, las grietas se suelen considerar como signo de problemas estructurales potenciales –como por ejemplo desplazamientos–, por lo que es importante tratar de determinar su causa. Muchas grietas se forman por razones concretas y se pueden identificar y catalogar con facilidad. El diagrama que aparece a continuación muestra algunas zonas en las que pueden aparecer grietas.

Pruebas sobre grietas y su desplazamiento

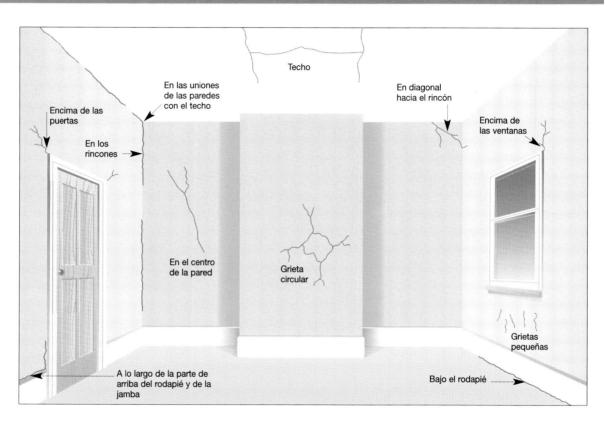

Techo

En las uniones de las paredes con el techo

En diagonal hacia el rincón

Encima de las puertas

En los rincones

Encima de las ventanas

En el centro de la pared

Grieta circular

Grietas pequeñas

A lo largo de la parte de arriba del rodapié y de la jamba

Bajo el rodapié

Determinar el desplazamiento y crecimiento de las grietas puede ser difícil. Estos desplazamientos suelen ser lentos e imperceptibles, haciendo prácticamente imposible realizar un seguimiento de las mismas. Por esta razón existen sistemas patentados de seguimiento de las grietas que se pueden comprar para realizar mediciones precisas de cualquier desplazamiento. Aunque las indicaciones del fabricante pueden variar, los principios generales de uso son los mismos para la mayoría de las marcas. Si tiene alguna duda contacte con el fabricante del producto o consulte con un experto en estructuras para obtener mayor información.

1 Atornille el detector en su posición con la escala de medición situada más o menos sobre la grieta. No apriete demasiado los tornillos todavía.

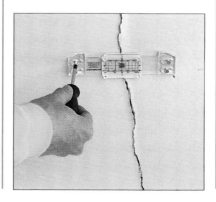

2 Mueva la escala de medición para que se alinee con la grieta de forma precisa. Apriete los tornillos cuando la posición sea satisfactoria.

3 Retire los enganches del borde del detector para liberar el mecanismo de dos placas. En caso de que se agrande la grieta, la escala de una de las placas se desplazará en relación con la otra, y con ello será posible observar con precisión la extensión y duración en tiempo de un posible desplazamiento. Otros detectores con diseños ligeramente diferentes sirven para hacer mediciones en esquinas, rincones, techos o suelos.

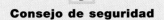

Consejo de seguridad

Siempre que una grieta pueda representar un problema estructural, solicite consejo profesional. Existen profesionales muy cualificados que trabajan en la detección de hundimientos y fallos estructurales a los que hay que dar la importancia debida. Los errores a la hora de determinar la gravedad de la situación pueden dar lugar a graves peligros a largo plazo, tanto para la estructura de la casa como para la integridad de sus habitantes.

Tipo	Causas y remedios de las grietas
Rincones	Estas grietas son a menudo resultado de asentamiento de casas nuevas y se pueden rellenar y pintar encima. Si persisten hay que vigilarlas.
Techos	Las grietas del techo con dirección rectilínea o que tuercen en ángulo recto, suelen estar causadas por pequeños movimientos de las tablas de la estructura del techo. Se pueden rellenar y pintar encima, o si persisten se puede hacer un forrado, que normalmente impide que reaparezcan.
En diagonal hacia el rincón	Las grietas que se extienden hacia un rincón, de una pared a otra, pueden representar un problema de hundimiento, especialmente si se han retirado hileras de ladrillos o bloques. En estos casos hay que buscar ayuda profesional.
Encima de las ventanas	A menudo hay grietas visibles que se extienden desde el ángulo superior de una ventana hasta el techo. Siempre que sean pequeñas, representan generalmente pequeños movimientos o asentamientos. Sin embargo, si son grandes y verticales, hay que investigarlas más.
Grietas pequeñas	Estas grietas son generalmente multidireccionales y sugieren ligeros movimientos de la superficie de yeso. Suelen aumentar en número con la edad del edificio. La mayoría son superficiales y no representan ningún peligro. Sin embargo, si una superficie de yeso nueva presenta grietas persistentes, puede ser porque el yeso se ha mezclado mal, o no se ha unido bien a la pared. En esos casos hay que volver a enlucir.
Debajo del rodapié	Los huecos bajo el rodapié suelen sugerir que el rodapié se ha colocado mal. Sin embargo, las grietas que continúan desarrollándose pueden reflejar problemas de suelo o hundimientos. Las que siguen creciendo habrá que investigarlas consultando con un profesional.
Circulares	Las grietas con formas irregulares o circulares suelen reflejar zonas de yeso que se desprenden del fondo de la pared. Esto es común en viejas paredes de listones y yeso, en las que el tiempo ha hecho que el yeso se vuelta inestable en algunas zonas. La zona afectada se puede quitar y sustituir por planchas nuevas de yeso.
Grietas en el centro de la pared	Éstas pueden aparecer por numerosas razones y simplemente hay que controlarlas para saber que no crecen. Hay que buscar ayuda profesional en los casos extremos.
A lo largo del rodapié y de la jamba	Las grietas pueden aparecer en estas posiciones por la edad del edificio, o por ligeros movimientos del edificio, o porque los materiales son nuevos y necesitan un tiempo para ajustarse a las condiciones atmosféricas de la habitación. A no ser que las grietas persistan o crezcan después de rellenarlas y pintarlas, no suele haber motivo de alarma.
Encima de las puertas	Ver las explicaciones para grietas encima de las ventanas.
En la unión de la pared con el techo	Estas grietas aparecen generalmente durante el asentamiento de edificios nuevos, o como resultado de la edad en edificios viejos. Las grietas pequeñas se pueden rellenar y pintar encima, mientras que habrá que vigilar las grandes para comprobar si se agrandan, lo que indicaría que se requieren reparaciones estructurales.

identificación de problemas – 2

Además del movimiento, algunas áreas estructurales de la casa se pueden ver afectadas por la acción de la humedad, o por la proliferación de insectos u hongos. Muchos de estos problemas se pueden resolver con facilidad, pero otros pueden tener consecuencias más amplias y ser extremadamente perjudiciales para la estructura del edificio, especialmente si se dejan sin tratar. Este tipo de problemas puede tomar muchas formas y afectar a diferentes áreas de la casa; en la figura se detallan muchas de las zonas en las que hay que buscarlos.

Humedad y plagas

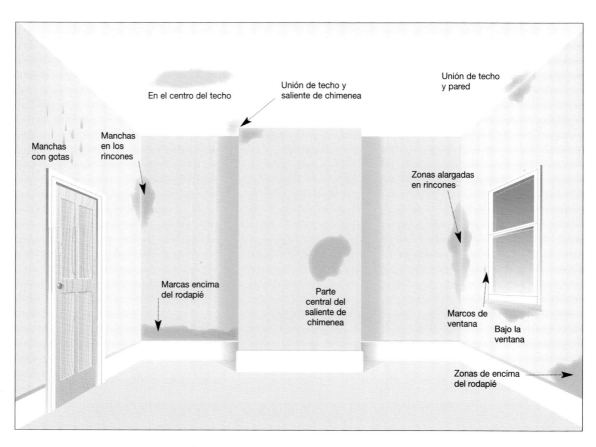

En el centro del techo

Unión de techo y saliente de chimenea

Unión de techo y pared

Manchas con gotas

Manchas en los rincones

Zonas alargadas en rincones

Marcas encima del rodapié

Parte central del saliente de chimenea

Marcos de ventana

Bajo la ventana

Zonas de encima del rodapié

Otros problemas de plagas

Además de los inconvenientes asociados con la humedad, hay otros potenciales problemas que van unidos a los insectos y ataques por hongos.

Pudrición seca de la madera

Ésta es una forma de deterioro excepcionalmente dañina, que afecta principalmente a la madera, pero que también se puede extender a la albañilería.

Mientras identifica y ataca la causa, la pudrición seca contraataca con esporas de hongos que extienden la enfermedad, haciéndola muy difícil de erradicar. La pudrición seca se asienta inicialmente en zonas de humedad y poca ventilación. Se identifica por pequeños dibujos blancos en forma de sarta, que se parecen en cierto modo a una tela de araña y que se extienden por una superficie. Las consecuencias de esta plaga pueden ser la destrucción de la estructura de un edificio. El tratamiento deberá ser rápido e implica cortar y destruir las zonas infectadas. La madera y material nuevo que se instale deberán tratarse para protegerlos contra la pudrición seca.

Carcoma

Consiste en larvas de ciertos escarabajos, y hay dos métodos para saber si se tiene este problema. Uno de ellos es la presencia de los escarabajos, que da pruebas del problema; el otro, mucho más frecuente, es la confirmación de los agujeros de salida de los escarabajos, que indican la existencia del problema en la madera de la casa. En ese caso hay que tomar medidas rápidamente, ya que este parásito puede deteriorar rápidamente la madera y extenderse por toda la casa. Lo más apropiado es fumigar las zonas afectadas con un insecticida apropiado y hacer lo mismo con las áreas sin infestar cercanas para impedir que la plaga se extienda. Si hay que sustituir alguna parte de madera, asegúrese de que los elementos nuevos están tratados para que no se vean afectados. Si tiene alguna duda, busque el consejo de un profesional.

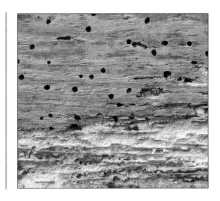

Tipo	Causas de la humedad y sus remedios
Centro del techo	Estas manchas suelen ser consecuencia del goteo de tuberías en el techo o, si es la última planta, una fuga en el tejado. Consulte con un fontanero para ajustar las tuberías y haga las necesarias reparaciones en el tejado.
Unión del techo con el saliente de una chimenea	Las manchas de humedad en estas zonas suelen ser el resultado de un agujero en la chapa que rodea la chimenea para que sea estanco el tejado. Inspeccione esa zona y haga las reparaciones oportunas.
Unión de la pared con el techo	Si es en la última planta, suele ser el resultado de un atasco en una bajante del tejado. Desatásquela para solucionar el problema de humedad. Este tipo de humedad se puede deber también a un cobertizo adosado, en el que se ha deteriorado el aislamiento de la zona de unión con el edificio principal. Revise el aislamiento y realice las reparaciones oportunas.
Manchas alargadas en rincones	Estas manchas alargadas indican a menudo un atasco o rotura en una bajante en el exterior. El agua penetra y va causando una mancha persistente en la pared. Desatasque o sustituya la tubería exterior causante del problema.
En torno a los marcos de las ventanas	Las manchas de humedad son frecuentes en esta zona debido a un aumento de la condensación o debido a fallos en el sellado que rodea el marco de la ventana. Compruebe si el sellado es correcto y vuelva a aplicar silicona si es necesario. Si el problema está causado por la condensación, mejore el sistema de ventilación de la habitación o abra las ventanas más a menudo.
Bajo las ventanas	Puede que el sellado de la ventana esté dañado, o que el vierteaguas esté atascado. Compruebe las dos cosas y selle o desatasque según haga falta.
Zonas grandes por encima del rodapié	Las manchas grandes de humedad en estas zonas se deben, generalmente, al amontonamiento de materiales, por ejemplo tierra, en el exterior de esa pared. Esto tapona el recorrido del agua y hace que penetre en la pared. Retire el material causante y mantenga la tierra por debajo del nivel de recorrido de la humedad.
En el centro de un saliente de chimenea	Estas manchas se suelen producir cuando las chimeneas están en desuso y se han bloqueado los tiros. El hueco de la chimenea carece de ventilación, por lo que el aire húmedo penetra en el hueco del saliente. Para resolver este problema, instale una rejilla de ventilación en el saliente para mejorar la renovación de aire.
Manchas encima del rodapié	Si estas manchas no se deben a taponamientos en el curso del agua exterior, se puede tratar de una entrada directa de humedad. Esto es corriente en casas antiguas que no tienen un sistema de desalojo de agua o bien cuando éste está dañado. La mejor solución es inyectar algún material aislante, lo cual debe ser realizado por profesionales.
Manchas en los rincones	Las manchas pequeñas se suelen deber a puntos o tramos dañados en el revoco. Haciendo las reparaciones oportunas, se resuelve generalmente el problema.
Manchas con goteo	Las manchas con humedad visible o que gotean se suelen deber a problemas de condensación. Normalmente, estos problemas se dan en cocinas y cuartos de baño. Simplemente hay que instalar un sistema de ventilación mejor o abrir las ventanas con más frecuencia.

Supresión de una pared de carga ↗↗↗↗

Suprimir una pared de carga es una clase de proyecto que no debe tomarse a la ligera, por lo que es imprescindible contar con el correcto asesoramiento profesional y experiencia antes de llevar a cabo las tareas que componen este proceso. La retirada total de una pared no es muy frecuente y lo más normal es abrir un hueco en una pared maestra para conseguir una distribución más abierta y convertir dos habitaciones en un área única más amplia. El trabajo que conlleva este proyecto se basa fundamentalmente en la medición de cargas.

El factor más importante a la hora de emprender un trabajo de este tipo es asegurarse de que existe el apoyo suficiente, tanto mientras se quita la pared, como cuando el trabajo se ha finalizado. Este último punto es decisivo, puesto que habrá que poner una viga de acero o alguna otra clase de soporte permanente. Su forma y tamaño dependerán principalmente de dos

factores: de la estructura de la pared que se desea eliminar y del tamaño de la abertura que se quiere realizar. Ambos factores requerirán cálculos precisos, y tanto las características de la viga como las técnicas de construcción necesarias para instalarla, se deberán decidir consultándolo con un especialista en estructuras. Una vez que se han tenido en cuenta las necesarias precauciones

de seguridad, se ha analizado el procedimiento y se ha finalizado la planificación, el trabajo en sí lo podrá realizar cualquier aficionado a los trabajos de mejora que tenga una buena mente práctica. El trabajo se puede dividir en dos etapas: la primera es apertura del hueco y la segunda la colocación de la viga de acero que soportará la carga.

Apertura del hueco

Una buena preparación y la correcta planificación son imprescindibles para seguir este procedimiento, y por la propia naturaleza del trabajo y sus exigencias desde el punto de vista

físico, es recomendable que se lleve a cabo entre dos personas. También es recomendable que mantenga la zona de trabajo despejada, para lo que deberá retirar todos los obstáculos que pueda; esto reducirá el riesgo de accidentes.

1. Marque el tamaño del hueco a realizar sobre la superficie de la pared.

2. Haga agujeros en la pared, por encima del hueco propuesto.

3. Introduzca las vigas de apuntalamiento a través de estos agujeros.

4. Sujete las vigas de apuntalamiento con los puntales en ambos lados de la pared.

5. Utilice una sierra para cortar piedra o un escoplo con protección y un mazo para cortar por la línea correspondiente al borde del hueco.

6. Retire los bloques o ladrillos, primero desprendiéndolos con el escoplo y el mazo, y después levantándolos con la palanqueta o a mano.

7. Continúe retirando escombros hasta que la zona esté despejada.

Zona para la inserción de la viga de acero
Vigas de apuntalamiento que se sujetan sobre puntales
Superficie de pared ya retirada
Línea de contorno del hueco
El rodapié original se retira
Superficie de la pared sin quitar todavía
Puntales de sostén

En esta etapa del proyecto se necesitarán al menos dos personas, ya que incluso los dinteles más pequeños son tremendamente pesados. La colocación de la viga de acero es un proceso que requiere también mucho tiempo. Asegúrese de que la viga está bien nivelada, porque los problemas serán muy difíciles de corregir más tarde.

1. Retire los bloques o ladrillos necesarios del ángulo superior del hueco para poder acomodar los extremos de la viga de acero.

2. Compruebe y vuelva a comprobar las medidas para estar seguro de que la viga de acero cabrá en el espacio requerido.

3. Aplique una buena capa de mortero en esta zona, antes de levantar la viga y ponerla en su sitio.

4. Compruebe que la viga ya colocada está bien nivelada. Utilice trozos de ladrillo o de bloques para calzar los extremos si fuese necesario.

5. Aplique más mortero sobre los extremos de la viga para garantizar que quedará bien sujeta en su sitio.

6. Acondicione el acabado de los alrededores de la viga usando cartón yeso o haciendo un enlucido.

7. Acondicione el acabado de los ladrillos y bloques rotos de los bordes del hueco abierto, usando cartón yeso o enluciendo.

8. Retire las vigas de apuntalamiento y rellene y acondicione los agujeros.

Agujeros rellenados en los que estaban las vigas de apuntalamiento

Viga de acero

Borde del trozo de pared que se ha retirado

Viga de acero sujeta con ladrillos cortados y mortero. A veces los especialistas en estructuras señalan la necesidad de poner losas de reparto de carga para el sostén de la viga.

supresión de una pared de carga

43

Factores a tener en cuenta

Además de las consideraciones de tipo práctico sobre cómo sujetar la pared, hay también unos cuantos puntos que se tendrán que analizar cuidadosamente.

Vigas de apuntalamiento

El número de vigas de apuntalamiento que habrá que poner para una correcta sujeción de la pared, dependerá de la anchura del hueco que se va a abrir. Las medidas de esta clase de vigas son al menos 15 cm x 10 cm, pero tendrá que consultar con un especialista en estructuras para establecer el número de vigas de apuntalamiento que será necesario poner para esa pared en concreto.

Puntales

Se pueden alquilar puntales de acero a un precio relativamente bajo, que al ser ajustables resultan muy apropiados para esta finalidad de sostén. Asegúrese de que las bases de los puntales se apoyan sobre tablas de andamio, para que la distribución del peso esté mejor repartida. Las bases de muchos puntales tienen agujeros para clavos, de modo que se pueden clavar a la tabla de andamio y estar seguro de que no se moverán.

Sostén de la viga de acero

En muchos casos la nueva viga de acero se puede poner sobre la estructura existente de la pared sin sujeción adicional por debajo de ella. Sin embargo, en otros casos puede ser necesario poner algún material adicional de sostén o losas de reparto de carga. Consulte con un especialista en estructuras para saber cuáles son las necesidades concretas en su caso.

Equipo de seguridad

Este tipo de trabajo requiere una atención especial a la seguridad y se deben tomar todas las precauciones necesarias. Utilice guantes, gafas de protección y un casco cuando se derriba la pared. También hay que llevar una mascarilla antipolvo cuando se retiran los escombros producidos al quitar el trozo de pared. Al igual que con cualquier otro trabajo de bricolaje, hay que mantener la zona lo más despejada posible de estorbos, y hay que retirar los escombros regularmente. (Ver la página 36.)

Supresión de una pared normal ✂

Antes de comenzar con este proyecto, es de la mayor importancia asegurarse de que la pared no es una pared de carga. Una vez que esto se ha aclarado con certeza, la eliminación de la pared requerirá poco más que el seguimiento metódico del procedimiento. Sin embargo, es importante tener en cuenta que indudablemente habrá una cantidad respetable de trabajo de acondicionamiento una vez retirada la pared, por lo que deberá intentar que los daños causados en el techo y otras superficies sean los mínimos.

La técnica a seguir cuando se elimina una pared que no es de carga depende en gran medida de si se trata de un tabique de entramado o de una pared de ladrillo o bloques. Una vez que se determine esto, asegúrese de que los enchufes eléctricos, interruptores o tuberías han sido retirados o desviados, en la forma necesaria, por un electricista o un fontanero.

👍

Consejos profesionales

No subestime nunca la importancia de la cantidad de escombros y suciedad que se genera en un proyecto de supresión de una pared. Planifique la tarea para que encaje de forma cómoda con la vida ajetreada de la casa (por ejemplo, durante un fin de semana, cuando las interferencias sean menores) y tómese el tiempo necesario para retirar con antelación todos los muebles, así como las alfombras y moquetas de las habitaciones afectadas.

Supresión de un tabique de entramado

La ligereza de construcción de los tabiques de entramado implica que su derribo es un trabajo más bien sencillo, siempre que se siga un orden de trabajo básico y riguroso.

Herramientas para el trabajo

Palanqueta

Detector de viguetas

Serrucho

1 Comience por quitar cualquier elemento decorativo que haya en la superficie de las paredes en las que se vaya a hacer la obra; por ejemplo, molduras o rodapiés. La mejor

herramienta para separar un rodapié de la pared es la palanqueta; intente no estropearlo mucho porque se puede volver a utilizar.

2 Localice el entramado central de la pared, usando un detector de viguetas o golpeando suavemente sobre la pared con la parte delantera de la palanqueta; las zonas entre montantes sonarán a hueco, mientras que al golpear en éstos el sonido será sordo. Escarbe en la zona hueca de la pared con el

extremo de la palanqueta y retire todo el cartón yeso que cubre el entramado.

3 Cuando se haya retirado todo el cartón yeso, comience a quitar los montantes de madera serrando cada uno de ellos por los puntos

convenientes. Corte un poco por encima de las uniones. Si se corta muy cerca de las uniones, puede que el serrucho se enganche en los clavos de los montantes.

4 Para quitar la base del tabique que descansa sobre el suelo, suele ser conveniente partirla con el serrucho en piezas más pequeñas. De esta forma resultará más fácil despegar separadamente los fragmentos del suelo.

Consejo de seguridad

Cuando se lleve a cabo algún trabajo de demolición, lleve siempre guantes y gafas de protección, y también un casco, para protegerse de cualquier material perjudicial en suspensión o de posibles bordes cortantes.

5 Utilice la palanqueta para despegar del suelo los trozos de la base del tabique. Una técnica similar se puede emplear para el tramo de unión con el techo, y a veces también para las tablas de las uniones laterales.

Eliminación parcial de una pared maciza

Las paredes de bloques o de ladrillos, siempre que no sean de carga, se pueden eliminar total o parcialmente para crear una superficie más espaciosa. Con una retirada parcial se puede conseguir un aspecto estético agradable, porque en lugar de obtenerse una nueva habitación completamente abierta, se consiguen dos áreas con más carácter y más interés decorativo.

Herramientas para el trabajo

Lápiz y cuerda entizada

Palanqueta

Mazo

Escoplo con protección

Junquillo en ángulo

Sierra de metales

Llana

Nivel

La retirada de escombros puede ser en este caso más laboriosa que cuando se trató del tabique de entramado, y se necesitarán además algunos instrumentos más, como el mazo y el escoplo con protección, para derribar las viguetas. Es siempre recomendable comenzar por arriba y seguir hacia abajo, retirando bloques de uno en uno a ser posible. Cuando se realice una retirada parcial de la pared, dibuje líneas

marcando la parte a retirar, usando para ello la cuerda entizada o un lápiz y un nivel. Una sierra de cortar piedra puede ser útil para conseguir un corte limpio a lo largo de esas líneas, pero en la mayoría de los casos resulta fácil seguir las líneas con el escoplo y el mazo.

1 Una vez que se ha retirado la mayor parte de la pared, alise los bordes de los bloques y retire cualquier trozo suelto de revoco.

2 Utilice una sierra de metales (ver página 133) para cortar un tramo de junquillo en ángulo, de la longitud apropiada para la altura del hueco abierto, y colóquelo sobre el borde lateral de dicho hueco, sujetándolo con yeso para que se mantenga en su sitio. Puede ser necesario emplear el nivel para conseguir que la posición del junquillo sea perfectamente vertical. Coloque otro trozo de junquillo cubriendo la otra arista de ese lado y sujételo en su posición hasta que se seque el yeso.

3 Mezcle una solución de PVA (cinco partes de agua por una de PVA) y aplíquela sobre los bordes de los bloques. Impulse bien la solución para que penetre en cada grieta y déjela secar hasta que adquiera una consistencia pegajosa.

4 Aplique más yeso sobre el borde de la pared; no hace falta de momento que el acabado sea perfecto, sólo que el borde de bloques cortados quede completamente cubierto. Haga muescas sobre el yeso antes de dejar que se seque.

5 Prepare una mezcla de yeso de acabado y aplíquela sobre el borde de la pared, empezando por arriba, dándole un acabado liso y uniforme. Emplee el borde rígido de la cantonera o junquillo en ángulo como guía sobre la que se desplazará el borde de la llana, para que el acabado quede bien nivelado. Aplique también yeso sobre el otro lado del junquillo para que quede bien fusionado con la pared original.

Nivelación de suelos ⚒

Una vez que se ha retirado una pared, ya sea total o parcialmente, es normal que los suelos de los que antes eran habitaciones separadas no estén exactamente al mismo nivel. Esto ocurre más a menudo en casas antiguas, en las que puede haberse producido algún hundimiento, o que se hayan construido ampliaciones con los suelos a nivel ligeramente diferente del de la construcción principal. La causa de la diferencia del nivel no es importante, pero sí lo es obtener una buena nivelación para conseguir que la unión entre los dos suelos sea perfecta.

Incluso cuando el nivel de los dos suelos es parecido, es muy probable que tenga que rellenar el hueco dejado en el suelo por la pared retirada. Esto es lo que ocurre casi siempre que se elimina una pared de bloques: bien los bloques se rompen a nivel del suelo dejando una zona con salientes, bien se arrancan a un nivel inferior al del suelo, dejando un hueco entre las dos habitaciones que hay que rellenar. Las técnicas que se emplean para estas tareas dependerán sobre todo de si el suelo es de cemento o de madera.

Suelos de madera

Herramientas para el trabajo

Cepillo de limpiar

Escoplo con protección

Mazo

Brocha

Paleta de amasar

Listones de madera

Llana

Después de quitar una pared de entramado, normalmente se precisan pocas reparaciones, porque esta clase de tabique se construye generalmente encima de una superficie de cemento bien nivelada. Sin embargo, cuando se quita una pared de bloques, es muy frecuente encontrarse con que la base de cemento del suelo se ha elaborado después de levantar la pared de bloques. Esto significa que al quitar los bloques nos podemos encontrar con un hueco alargado en donde anteriormente estaba la pared, o bien, si los bloques se rompen a ras de suelo, con una zona alargada e irregular de restos pegados al suelo. En ambos casos hará falta reparar esta zona.

1 Retire de la base de la pared eliminada todos los escombros y material suelto que pueda con la ayuda del cepillo. Asegúrese de que no sobresalga ningún trozo de bloque por encima del nivel del suelo, y si lo hubiese elimínelo utilizando un escoplo con protección y un mazo pequeño.

2 Prepare una mezcla de una parte de pva por cada cinco de agua y aplíquela generosamente a lo largo de la marca dejada por la pared que se ha retirado, y deje que la solución empape también los bordes de suelo de cemento a ambos lados de la marca.

3 Prepare un mortero mezclando cinco partes de arena de construcción por cada parte de cemento, y aplíquelo apretando sobre la marca dejada por la antigua pared; utilice el

borde de una paleta para hacer cortes en la masa de mortero para que recubra cada rincón de la superficie marcada. Deje que el mortero sobresalga un poco sobre el suelo de cemento de los lados.

4 Corte un listón cuya longitud sea un poco mayor que la anchura de la marca, y colóquelo sobre ésta a lo ancho. Vaya empujando el listón despacio sobre la superficie de la marca, moviéndolo ligeramente de lado a lado, de modo que vaya quitando poco a poco el exceso de mortero de la marca para obtener una superficie total completamente lisa, formada por el

mortero nuevo de la marca y el suelo de cemento de ambos lados. Es posible que este proceso se tenga que repetir dos o tres veces hasta obtener un acabado completamente liso y nivelado.

5 Una vez que se haya secado el mortero, mezcle pasta de nivelar y aplíquela sobre la marca, dejando que desborde un poco sobre el suelo de cemento de los lados. Extienda suavemente esta pasta usando la llana. Deje asentar y secar de forma que la marca dejada por la pared quede perfectamente lisa y nivelada.

Cómo hacer una pendiente

Cuando el nivel de los dos suelos varía ligeramente, hay que hacer una pendiente o un escalón. Se pueden hacer las pendientes fácilmente alisando los bordes de la pasta de nivelar para obtener una unión lisa entre los dos niveles. Por otra parte, también se pueden poner los dos suelos al mismo nivel aplicando una buena capa de pasta de nivelar sobre toda la superficie del suelo de cemento que quede más bajo.

Suelos de madera

Herramientas para el trabajo

Taladro destornillador sin cable

Martillo de uña

Palanqueta

Una de las claves a la hora de trabajar en suelos de madera es si la superficie irá a la vista, en cuyo caso las consideraciones estéticas pasarían a ser importantes, o bien si irá cubierta, pues entonces la preocupación principal será obtener una buena nivelación. Por tanto, los suelos a la vista precisan un mayor cuidado.

Reparación de un suelo cubierto

1 Sujete con clavos unos listones de 5 cm x 2,5 cm a las viguetas de madera de cada lado de la zona en la que estaba la pared. Asegúrese de que el borde superior de cada listón se asienta a nivel con la parte de arriba de la vigueta y por tanto a la altura precisa bajo las tablas de madera del suelo.

2 La forma de rellenar el hueco dependerá de su tamaño. En el mejor de los casos, coloque una nueva tabla sobre la zona de la pared que se ha eliminado, clavando los clavos sobre los listones que se han sujetado a las viguetas. Si el hueco es de otro tamaño hará falta cortar una tabla del tamaño apropiado, por ejemplo de aglomerado, y después clavarla en su sitio cubriendo el hueco.

Reparación de un suelo de madera vista

La mayoría de los suelos de madera vista están hechos de tablas de tarima tradicionales, de manera que cubrir un hueco puede implicar hacer ajustes en la disposición original de las tablas.

1 Sujete con clavos unos listones de 5 cm x 2,5 cm a las viguetas de madera del suelo de los lados del hueco ocupado antes por la pared. Utilice una palanqueta para retirar cuidadosamente cualquier otra tabla que haya en la zona a cubrir y también para levantar el suelo de contrachapado. (Si tiene que desatornillar las tablas, la palanqueta no es la herramienta apropiada.)

2 Utilice un martillo de uña para quitar cualquier clavo que sobresalga de las viguetas del suelo.

3 Corte las tablas a la medida y colóquelas sobre los huecos a cubrir, de modo que quede una superficie lisa y bien acabada.

Construcción de una pared de entramado - 1 ⚒⚒⚒

Estas paredes se construyen en dos etapas, y en las cuatro páginas siguientes se explica cada paso. Antes de comenzar, tendrá que determinar la dirección de las viguetas del suelo y del techo; esto determinará si los tablones de la base del suelo y del techo deben ir paralelos o perpendiculares a esas viguetas. Utilice un detector de viguetas patentado para esta tarea. Estos instrumentos tienen unos detectores que encienden un indicador cada vez que se pasan sobre una vigueta.

Cuando la pared que se va a construir va paralela a las viguetas, es mejor colocar el tablón del suelo directamente sobre una de ellas, y el del techo también bajo una de ellas. En suelos nuevos, habrá que poner una vigueta adicional para obtener una mayor firmeza (ver página 13).

Si la pared va perpendicular a las viguetas hay mayor flexibilidad, porque se podrán sujetar las fijaciones sobre las sucesivas viguetas a lo largo de la habitación. Por tanto, tendrá que tomar una decisión intermedia entre la posición ideal de la pared y aquella que ofrezca mejores posibilidades para la fijación.

Elaboración del marco

Herramientas para el trabajo

Detector de viguetas
Martillo
Cuerda entizada
Nivel
Lápiz
Serrucho
Taladro sin cable
Cinta métrica
Elevador de puertas y tablones (opcional)
Plomada (opcional)

Los montantes pueden tener 10 cm x 5 cm o bien 7,5 cm x 5 cm de tamaño, y normalmente se hacen de madera blanda serrada. Los más conservadores eligen montantes más robustos y gruesos, aunque en edificios modernos se pueden encontrar de tamaño bastante más pequeño. La distancia entre los montantes es de la mayor importancia: si se va a cubrir la estructura con planchas de cartón yeso de 9,5 mm de espesor, los montantes deberán estar separados

un máximo de 40 cm. Sin embargo, si se van a emplear planchas de 12,5 mm de espesor, los montantes no podrán estar separados más de 60 cm.

1 Utilice un detector de viguetas para determinar la posición de las mismas, y de cualquier cable o tubería que pueda haber sobre el techo.

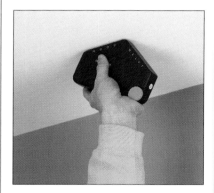

2 Una vez determinada la posición en la que se va a construir la pared, sujete un clavo en el techo cerca de la unión de la pared con el techo y en lo que será el punto medio del ancho del tablón del techo. Haga otro tanto en la unión de la pared opuesta y el techo.

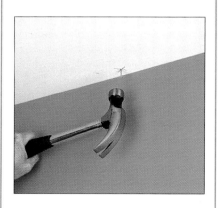

3 Ate la cuerda entizada a los dos clavos y marque una línea sobre la superficie del techo, que servirá para

colocar el tablón del techo en la posición exacta.

4 Utilice un nivel y un lápiz para continuar el trazado de esta línea por las paredes a ambos lados, y continúe hasta el suelo.

5 Coloque uno de los tablones sobre el suelo a la altura del rodapié, y de manera que la línea de la pared coincida con la mitad de la anchura del tablón. Trace unas líneas con el lápiz sobre el rodapié a cada lado del tablón. Retire el tablón y corte el rodapié para que pueda alojar el tablón de abajo. Repita el proceso en la pared opuesta. Las líneas deberán indicar ahora la posición del tablón del techo, la del

tablón del suelo y la de los montantes de la pared.

6 Corte uno de los tablones a la longitud exacta entre pared y pared. Colóquelo, encajándolo en cada uno de los cortes hechos en el rodapié. Si fuese necesario, marque sobre esta tabla (o tablón del suelo) la posición exacta de la puerta. Recuerde que hay que reservar espacio para el premarco y el tapajuntas de la puerta.

7 Atornille al suelo el tablón de abajo poniendo tornillos cada 40 cm. Si el suelo es de cemento, taladre y ponga tacos para poder atornillar.

8 Corte una tabla de la longitud correspondiente a la línea del techo entre las dos paredes, y haga una marca a lápiz en cada extremo, señalando el centro de la anchura de la tabla; alinee esta marca con la línea de la pared antes de atornillar esta tabla (tablón del techo) en su posición definitiva.

9 Corte dos montantes de la longitud exacta entre los tablones del suelo y el del techo en cada lado, y atorníllelos a la pared.

10 Marque intervalos de 40 cm sobre el tablón del suelo, para indicar la posición de los montantes

verticales. Si se ha marcado la posición de una puerta, señale los intervalos partiendo de cada lado de la puerta.

11 Corte unos bloques pequeños de madera y clávelos en los puntos en los que irán los montantes; esto no es imprescindible, pero facilitará mucho el trabajo de fijación de los montantes verticales. El marco está ya acabado y listo para rellenarlo (ver página 50 para el siguiente paso).

USO DE LA PLOMADA

También se pueden hacer las líneas de guía con una plomada. Una vez dibujada la línea del techo (pasos 1 y 2), sujete la plomada a uno de los clavos y marque a lo largo y en el punto inferior para obtener una guía vertical; repita la operación en el otro lado. También se puede usar la plomada desde posiciones centrales del techo para marcar la línea guía del tablón del suelo. Asegúrese de que la plomada está quieta antes de marcar ninguna posición.

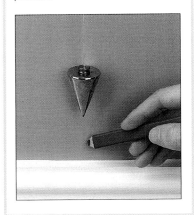

Construcción de una pared de entramado - 2 ⟋⟋⟋

Una vez que se ha instalado el marco de la pared, nos tendremos que centrar en la operación de rellenar y cubrir este marco. Realice una revisión final del marco, su nivelación y la colocación de los tablones, porque si hay que hacer pequeñas modificaciones es mucho más fácil hacerlas ahora que en etapas posteriores. Ver página 48 para consultar la lista de herramientas necesarias.

Completar el marco

1 Mida la longitud de los montantes verticales y córtelos. Fíjelos a la base sujetándolos sobre los bloques de madera para que no se muevan. Utilice clavos de 10 cm e introdúzcalos en ángulo por ambos lados del montante, de manera que los clavos lleguen hasta el tablón del suelo.

2 Una vez fijada la base del montante, sujete un nivel a lo largo del mismo para determinar la posición exacta de la fijación superior al tablón del techo. Después tendrá que

clavar los clavos por ambos lados del montante, de manera que lleguen hasta el tablón del techo.

3 Compruebe la nivelación una vez más y haga los ajustes necesarios hasta que el montante esté completamente vertical, antes de llevar a cabo la sujeción definitiva de éste.

4 Para hacer el marco de la puerta habrá que cortar un listón de madera de la longitud correspondiente a la distancia entre los montantes verticales de ambos lados del hueco de la puerta. Recuerde que hay que comprobar la correcta altura de la puerta, y clave el listón en su sitio asegurándose de la correcta nivelación.

5 Coloque un listón adicional entre la parte media del dintel y el tablón del techo. Habrá que clavar los clavos por debajo del listón que hace de dintel, mientras que arriba habrá que clavarlos de manera que atraviesen este listón vertical y penetren en el del techo.

6 Es posible que haya que añadir solidez adicional a toda la estructura, para lo que habrá que cortar tramos de madera de la longitud apropiada para unir horizontalmente los montantes verticales. Estas tablas habrá que colocarlas a media altura entre los tablones de suelo y techo.

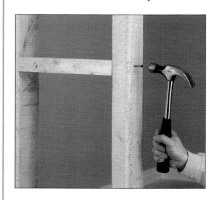

7 Para acabar la confección de la estructura, realice los cambios necesarios para dar acceso a cables eléctricos que tengan que ir por la nueva pared. Taladre los agujeros necesarios para ello, en los montantes y en las tablas horizontales.

8 Introduzca los cables eléctricos por los agujeros de los montantes y tablas. (Compruebe que son los apropiados para los usos planeados, consultándolo con un electricista.)

Colocación de las planchas de cartón yeso

Como ya se ha indicado en la página 48, asegúrese de que se va a utilizar el espesor de plancha adecuado a la distancia entre montantes. Tenga en cuenta que si se va a realizar un forrado en seco, las planchas de cartón yeso tendrán que tener bordes en disminución (ver página 84).

Las planchas de cartón yeso habrá que cortarlas para que ajusten bien, por lo que es indispensable realizar las mediciones con exactitud. Como la mayor parte de los techos y superficies de pared son ligeramente ondulados y como estas superficies tampoco suelen ser completamente cuadradas, habrá que recortar a medida los bordes de las planchas para conseguir un ajuste perfecto. Esto es particularmente importante en el techo y en los rincones, porque son los puntos en los que la unión deberá ser más limpia, mientras que a la altura del suelo hay más holgura porque el rodapié cubrirá las uniones.

Consejos profesionales

Aunque es más fácil y práctico llevar a cabo la colocación de las planchas de cartón yeso entre dos personas, también lo puede hacer una sola, ayudándose con un elevador de puertas y tablas, que le permitirá levantar las planchas de cartón yeso a su posición sobre la pared, dejando libres las manos para realizar otras tareas de fijación.

1 Mientras sujeta la plancha de yeso lo más cerca posible del techo, deslice un bloque pequeño de madera y un lápiz a lo largo del borde superior de la plancha de yeso, manteniendo en todo momento el bloque pegado a la superficie del techo. La línea que obtenemos de esta forma reproducirá el perfil del techo y nos proporcionará una plantilla para cortar la plancha de forma que ajuste a la perfección.

2 Utilice clavos para yeso para fijar las planchas en su sitio. Estos clavos habrá que ponerlos a una distancia de los bordes de la plancha entre 12 y 25 mm, y a intervalos de 15 cm a lo largo de los bordes del entramado de tablas. Clave las planchas de cartón yeso en torno al hueco de la puerta de forma que quede una unión encima del dintel y en su parte media. Aunque esto es más difícil de medir y cortar, tras el forrado en seco o el enlucido quedará más sólida que una unión en la línea vertical del lateral de la puerta, y, además, con menos probabilidades de agrietarse.

3 Una vez que ha quedado cubierto uno de los lados de la pared, perfore sobre las láminas de yeso los

agujeros necesarios para los cables eléctricos. Entonces, antes de colocar las planchas correspondientes al otro lado de la pared de entramado, coloque las mantas aislantes entre los montantes. Por último, ponga las planchas de cartón yeso que faltaban y quedará listo para el enlucido y los acabados de alrededor de la puerta.

Consejos profesionales

• **Travesaños horizontales adicionales:** Coloque travesaños adicionales cuando la superficie de la pared vaya a tener que soportar pesos. Por ejemplo, asegúrese de colocar algún travesaño horizontal adicional que pueda alojar los tacos que sujetarán algún sanitario, como por ejemplo un lavabo o un fregadero.

• **Uniones completamente lisas:** A la hora de colocar las tablas que componen el entramado, ponga una atención especial en conseguir que la superficie de todas las uniones esté perfectamente alineada sobre un mismo plano. Las uniones con tablas que sobresalen dan lugar a bultos sobre las planchas que hacen más difícil la fijación y crean puntos débiles.

• **Clavar de forma segura:** Cuando se golpean los clavos que fijan las planchas de cartón yeso, asegúrese de que las cabezas de estos clavos no sobresalgan sobre la superficie de la plancha para que la sujeción sea más sólida, pero que tampoco queden tan clavados como para que la plancha se agriete, porque entonces se reduciría la firmeza de la fijación.

• **La opción de los tornillos:** Se pueden poner tornillos para pared en seco en lugar de clavos para fijar las planchas de cartón yeso. Esto resulta aconsejable cuando trabaja una persona sola, y también se reduce el riesgo de estropear las planchas al golpear con el martillo.

• **Las marcas de posición:** Puede ser difícil encontrar la posición exacta de los montantes cuando se colocan las planchas, porque la misma plancha puede estar tapándolos. Por ello, cuando el entramado de tablas se termina de confeccionar, conviene hacer marcas a lápiz que señalen sobre el suelo la posición central de los montantes verticales. Después utilice un nivel para dibujar una línea a lápiz sobre cada montante desde el suelo al techo, a medida que trabaja.

Realización de un perfil en arco 〃〃

Los perfiles en arco pueden ser una alternativa a las puertas o huecos de paso rectangulares, añadiendo carácter y proporcionando un elemento decorativo. En el pasado hubiera requerido la utilización de un procedimiento muy complejo para realizar un bastidor o cimbra para ejecutar el arco y acabarlo con capas sucesivas de yeso. Sin embargo, hoy día, la fabricación de arcos preformados ha permitido un proceso general mucho más sencillo y rápido para los entusiastas del bricolaje.

Realización de un perfil en arco en tabiques de entramado de madera

Herramientas para el trabajo

Taladro/destornillador sin cable

Destornillador

Sierra de metales

Martillo

Cinta métrica

Espátula de rellenar

Paleta de enlucir

Aunque puedan construirse perfiles en arco en huecos existentes en la pared, el empezar por abrir el hueco y construirlos en una pared nueva de montantes de madera es, con mucho, un sistema más sencillo. Resulta más probable que una pared nueva, si está bien hecha, esté mejor escuadrada que una vieja.

1 La mayoría de los moldes de arco tienen agujeros pretaladrados para alojar las fijaciones. Sujete en su sitio el molde del arco, para realizar cuatro agujeros de guía en los tablones de madera de la pared. Compruebe que la posición del reborde frontal del molde del arco corresponde a lo indicado en las instrucciones del fabricante en lo que se refiere al saliente del panel de cartón yeso en ambos lados del tabique.

2 Asegure en su sitio el molde del arco con tornillos para madera. Utilice un destornillador manual, con preferencia al eléctrico sin cable, para apretar los tornillos, ya que apretar excesivamente puede dañar el molde de yeso. En estos casos, se consigue un mejor control de movimientos con una herramienta manual.

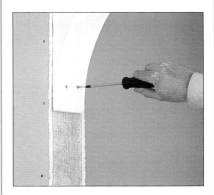

3 Hay que cortar e instalar cartón yeso entre la base del molde de arco y el suelo, de modo que quede cubierto el montante de madera y su superficie quede a la misma profundidad que la base del molde del arco. Fije la tira de cartón yeso en su sitio, usando clavos para cartón yeso en la forma habitual, teniendo cuidado de no dañar el yeso.

4 Corte a la longitud apropiada (desde el borde inferior del arco al suelo) una cantonera, y únala en los dos bordes de la abertura. Fíjela usando clavos para cartón yeso, asegurándose de que la arista de cada cantonera se alinea exactamente con las respectivas esquinas inferiores del molde del arco.

5 Repita los pasos 1 a 4 para instalar el segundo molde del arco y el correspondiente forrado del hueco. Es raro que las dimensiones de los moldes se ajusten exactamente y, por ello, es frecuente que quede una cierta holgura entre los bordes superiores de los dos moldes. Para resolver esto, corte simplemente una hoja de cartón yeso al tamaño y forma adecuados, y fíjela en su sitio. De nuevo, utilice cantoneras para completar los bordes.

👍 Consejos profesionales

Donde la superficie lisa del molde se encuentra con el borde enlucido de la abertura en la pared, puede tener que rejuntar la unión con un material fino de relleno para lograr un perfil de arco suave. Una vez rellenado, acabe la junta con un papel de lija muy fino.

6 Una vez colocados y alineados los moldes, el forro de cartón yeso y las cantoneras, rellene los agujeros de los moldes con relleno multiusos o enlucido de capa ligante.

7 Encinte las juntas de las tiras de cartón yeso con cinta autoadhesiva para juntas, al igual que las juntas entre el cartón yeso y los moldes del arco.

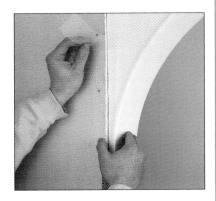

8 Enluzca la pared en la forma usual (véanse páginas 86-87), asegurándose de extender el yeso sobre los moldes del arco. Puede no tener que enlucirse la cara en arco o intradós de los moldes, dependiendo

del tipo de molde utilizado. Una vez pulido y seco el enlucido, el arco queda listo para su decoración. En algunos moldes puede tener que darse dos capas de enlucido. Esto depende del fondo de la cara de los moldes en relación con la superficie de la pared que rodea el arco. Si la diferencia de fondos es superior a 2-3 mm, aplique dos capas finas de yeso, mejor que una capa gruesa.

Consejos profesionales

• **Arcos forrados en seco:** Es una técnica alternativa para realizar perfiles en arco. En lugar de utilizar cantoneras en los bordes laterales del arco, puede utilizarse una cinta para esquinas y pasta para juntas. La zona interna del molde del arco puede también rellenarse con aglomerante de enlucido, antes de acabarlo con mástique para juntas. Esta técnica permite evitar el tener que enyesar toda la pared.

• **Tratamiento de fisuras:** En la mayoría de los casos, siempre que los moldes del arco se hayan fijado firmemente y el enlucido se haya hecho de forma correcta, es poco probable que aparezcan fisuras en las junturas. Sin embargo, si aparecen fisuras, y no se hacen desaparecer rellenando y pintando de nuevo, puede convenir forrar el arco con papel para forrar, tapando las pequeñas fisuras que puedan reaparecer en el enlucido de debajo. Esta técnica permite ocultar fisuras pequeñas. La aparición de fisuras mayores sugiere una mala instalación, en cuyo caso habrá que volver a empezar desde el inicio el procedimiento de colocación.

Los arcos añaden forma a la habitación y suavizan los bordes, produciendo un ambiente relajado y confortable. También ayudan a ligar la decoración de dos zonas vitales.

Construcción de una ventana de servicio ⁄⁄⁄

Las ventanas de servicio proporcionan un acceso ideal para servir comidas desde la cocina a la zona de comedor. Aunque se utilizan muchas veces con este objeto, también resultan elementos decorativos atractivos, que pueden construirse en un amplio conjunto de diferentes estilos. La ejecución de una ventana de servicio en una pared de bloques macizos o en un muro de carga requerirá un mayor esfuerzo (véase página opuesta). Sin embargo, la realización de este proyecto en una pared que no sea de carga resulta un ejercicio muy sencillo.

Ventana de servicio en una pared que no es de carga

Herramientas para el trabajo

Detector de viguetas/cables

Lápiz

Nivel

Cinta métrica

Sierra para paredes en seco

Serrucho

Martillo

Taladro/destornillador sin cable

Sierra de ingletes o bloque de ingletes

1 Calcule la posición deseada para su ventana de servicio. A continuación, utilice un detector de viguetas para localizar la posición de los montantes del entramado de la pared, así como para localizar servicios tales como tuberías o cables. Esté preparado para introducir algunos ajustes, de acuerdo con las posiciones de los montantes y de los servicios. (Es casi seguro que tendrá que cortar algunos montantes, pero trate de ajustar la posición de la ventana de servicio de modo que los laterales de ésta coincidan con los bordes de dos montantes.)

2 Use un lápiz y un nivel de burbuja para trazar una línea de guía en la pared, mostrando el tamaño exacto de la ventana de servicio. Es importante tomar las medidas y dimensiones de la forma más vertical y horizontal posible, en esta etapa. Esto ayudará a facilitar la construcción de la ventana de servicio, una vez que se ha ejecutado el hueco necesario.

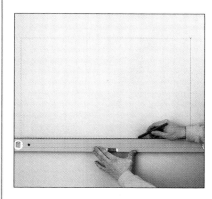

3 Utilice una sierra de calar para paredes, a fin de cortar alrededor de la línea de guía hecha a lápiz. (Este tipo de sierra es mejor que un serrucho, ya que su extremo en punta atraviesa con facilidad los tableros de cartón yeso.) Si llega a una obstrucción ocasionada por la presencia de un montante, utilice el extremo de la sierra para cortar el tablero de cartón yeso,

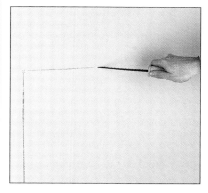

hasta penetrar en la superficie del montante de madera. Una vez cortado todo el hueco en la plancha de cartón yeso, puede ser retirado. Repita desde el otro lado de la pared. Si la pared está aislada térmicamente, retire la manta aislante, según se requiera.

4 Retire los travesaños, cortando por su centro; use un serrucho. A continuación quite los trozos de travesaño, haciendo palanca con una palanqueta o martillo. Si sierra muy cerca de la superficie del montante vertical, se encontrará con fijaciones de clavos o tornillos, dañando la hoja de la sierra. En su lugar, use una sierra de metales para eliminar esas fijaciones.

5 Dejando en su lugar el montante vertical central, corte y coloque travesaños, unidos a él, en los bordes superior e inferior de la ventana de servicio. Es mejor utilizar tornillos para unirlos, ya que al tratar de clavar de forma inclinada, el travesaño puede deslizarse por debajo del nivel inferior de la ventana de servicio, siendo difícil recuperar el travesaño y colocarlo en su sitio. Realice previamente agujeros piloto para los tornillos, ya que esto permitirá fijar en su sitio los travesaños sin aplicar una presión excesiva.

6 Corte y quite el montante central, manteniendo la hoja de la sierra a ras de los bordes superior e inferior de la ventana de servicio.

7 Forre el hueco con listones cepillados de madera blanda de 12,5 x 2,5 cm. Clave los tramos medidos en su sitio, comenzando por el borde inferior, siguiendo con el superior y finalizando en los dos laterales. Para hacer estas fijaciones es mejor utilizar clavos de cabeza perdida, para que la cabeza pueda rellenarse antes del pintado de la ventana.

8 Use una sierra de ingletes para cortar la moldura del marco e instale ésta en ambas caras de la

ventana, para terminar el proyecto. Para unirlos pueden usarse, del mismo modo, clavos de cabeza perdida. Además de clavar los frontales de la moldura, utilice uno más pequeño en cada esquina de la ventana, pasando por una pieza de la moldura, e introduciéndola en la pieza adyacente. Esto sirve para unir las esquinas y reducir el riesgo de que se mueva, que podría producir una fisuración.

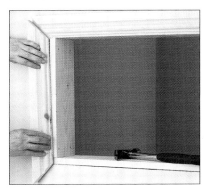

MUROS DE CARGA

Las ilustraciones mostradas aquí explican la realización de una ventana de servicio en una pared que no es de carga. Si la ventana de servicio debe hacerse en un muro de carga, o en una pared de bloques o ladrillos, la técnica debe modificarse. De hecho, el procedimiento es muy similar al de quitar un muro de carga (véase página 42). Naturalmente, la escala del proyecto se ve reducida, ya que se enfrenta a un hueco mucho más pequeño en el caso de la ventana de servicio. Sin embargo, se requiere algún tipo de dintel, cuyo tamaño dependerá de las dimensiones del hueco. Al quitar la fábrica de bloques, recuerde que debe usar los equipos de protección necesarios, tales como gafas de seguridad, guantes o casco.

Una ventana de servicio proporciona un punto de acceso útil y decorativo entre dos habitaciones. También da luz a una zona oscura de la casa, así como un efecto de vitrina.

Aislamiento acústico de paredes ⁊⁊⁊

El mejor momento para aislar acústicamente una pared es el de su construcción, pero, excepto en el caso de que esté construyendo una pared usted mismo, la ocasión no suele presentarse. Los fabricantes han reconocido últimamente que esto es un problema, y, por ello, han desarrollado varios sistemas para poder efectuar fácil y efectivamente el aislamiento acústico de paredes existentes, incluyendo losas aislantes mejores, que ahora se prueban para disponer de una calidad muy superior.

Las mayores necesidades de aislar contra el ruido suelen aparecer sin duda en las paredes compartidas con los vecinos.

Aislamiento acústico de una pared compartida

Herramientas para el trabajo

Palanqueta

Cinta métrica

Lápiz

Serrucho

Taladro/destornillador sin cable

Nivel

Guantes de protección

Mascarilla para polvo

Sierra de metales

Pistola de sellador

Tradicionalmente, el aislamiento acústico de una pared compartida se realizaba construyendo un nuevo tabique de entramado de madera y rellenando con mantas aislantes el hueco dejado en el medio. Las dimensiones que se manejan hacen que se pierda, casi con seguridad, un espacio considerable de su propia habitación, además de conllevar un trabajo de construcción bastante importante. Por el contrario, el método expuesto a continuación sólo implica meterse en el espacio de la habitación 5-7 cm, lo que se nota poco en términos de dimensiones generales de la habitación. En esta técnica se utilizan paneles patentados de cartón yeso, consistentes en dos paneles de diferente espesor unidos entre sí, con otra capa de aislante acústico introducida en el medio, formándose un sándwich. Aunque éste es el material idóneo, también pueden

servir hojas de cartón yeso normal, siempre que la capa inferior sea de mayor espesor que la capa superior. (Esto tiene que ver con una teoría básica del aislamiento al ruido: al poner varias capas de un mismo material, no use dos veces el mismo espesor del mismo material.)

1 Quite el zócalo de la base de la pared, utilizando una palanqueta. Trate de no dañar el zócalo, para poder utilizarlo de nuevo, tras haber completado el aislamiento acústico.

2 Comenzando a nivel del suelo, haga una serie de marcas cada 60 cm, en la esquina de la pared. No es probable que la altura de la pared pueda dividirse en espacios exactos de 60 cm.

Así pues, haga la última marca, simplemente, a nivel del techo.

3 Corte a la longitud exacta de la pared que se desea aislar una barra de aislamiento acústico. Fíjela en la parte inferior de la pared, a nivel del suelo. Compruebe que la parte abierta de la barra rompedora de sonido queda hacia arriba, y que las fijaciones se hacen justo por encima del suelo. Atornille las fijaciones en las almohadillas de goma espuma de la barra rompedora de sonido.

4 Coloque la segunda barra aislante en la siguiente medida; verifique en esta ocasión que la parte abierta queda hacia abajo. Use un nivel para comprobar que la barra está bien nivelada. Continúe

colocando barras rompedoras de sonido en las diferentes medidas marcadas, y hasta el techo. Todas las barras desde la segunda deben colocarse con la parte abierta hacia abajo.

5 Monte losas aislantes del ruido de 120 x 60 cm, comenzando a nivel del suelo. Meta el borde inferior de la losa aislante en el lateral abierto superior de la barra rompedora de ruido del nivel del suelo, y ajuste el borde superior de la losa en el borde abierto de la barra aislante colocada arriba. Siempre que sus mediciones hayan sido correctas, se logrará un ajuste perfecto. Utilice guantes de protección en todo el proceso, ya que las fibras de las losas aislantes pueden ser irritantes para la piel y los bordes de las barras pueden estar afilados.

6 Cuando se ha completado la parte inferior de la pared, puede pasarse al nivel siguiente, continuando colocando losas del mismo modo. Tenga en cuenta que en este nivel y en los sucesivos no se puede introducir el borde de la losa en el lateral de la barra situada debajo, pero sí en el hueco del borde inferior de la barra situada encima, permitiendo que el

borde inferior de la losa apoye a tope sobre el borde superior de la barra de debajo. Continúe montando losas hasta completar toda la pared.

7 Una vez recortados y cortados a su tamaño, coloque sobre la pared los paneles dobles de cartón yeso. Fije los paneles de la parte inferior de la pared a las barras rompedoras, usando tornillos para cartón yeso. Los tornillos deben ser bastante largos para que agarren a la barra, pero no demasiado, de modo que no alcancen la pared original. En caso contrario, se tendrá un canal para la transmisión del sonido.

8 Monte el extremo rebajado del panel siguiente sobre el primero, apretando de modo que quede una unión enrasada. La realización de marcas en las hojas colocadas previamente, identificando la posición exacta de la última fijación, facilitará la tarea. Así se indicará la posición de las barras rompedoras, permitiendo realizar la fijación en el sitio adecuado. Siga montando paneles, según se requiera, fijándolos a lo largo de las barras rompedoras a intervalos de 15-20 cm.

9 Para terminar, aplique un cordón de mástique a lo largo de las juntas que forman los paneles de cartón yeso con el suelo, el techo y las otras paredes. La pared puede ser enlucida o forrada en seco; su zócalo puede volver a colocarse y pintarse, según se necesite.

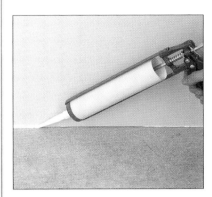

AISLAMIENTO ACÚSTICO MEDIANTE ALFOMBRAS

Tenga en cuenta que la eficacia del aislamiento acústico se beneficia de la colocación de capas aislantes bajo el suelo y alfombras de calidad. La situación se mejora aún más colocando una capa de aislamiento bajo el suelo, especial para aislamiento del ruido. Aun cuando estas capas de aislamiento, al igual que las alfombras están directamente relacionadas con el suelo, pueden ayudar indirectamente al aislamiento de los ruidos de una pared. Esto ocurre especialmente en suelos suspendidos, que permiten una mejor transmisión de los ruidos de una habitación a las de otro nivel. Por ello conviene tratar el aislamiento acústico de los suelos al mismo tiempo que el de las paredes.

Consejos profesionales

Para marcar y cortar materiales diferentes, deben utilizarse diferentes herramientas. Por ejemplo, las barras antirruido deben marcarse con rotulador y cortarse con sierra de metales. Por el contrario, las losas aislantes de ruidos deben marcarse con tiza y cortarse con serrucho; la mascarilla para el polvo es esencial en este proceso. Los paneles de cartón yeso pueden marcarse con lápiz y cortarse con serrucho.

Construcción de una pared de bloques

Aunque las paredes de entramado de madera (véanse páginas 48-51) son de más fácil construcción que las macizas de bloques, hay algunos casos en que una estructura de bloques resulta más apropiada, incluso preferible. Por ejemplo, en una casa en que todas las demás paredes son de bloques o ladrillos, un tabique de entramado de madera puede quedar fuera de lugar. Las paredes de bloques también proporcionan un mejor aislamiento acústico y son más adecuadas para soportar objetos pesados o gran cantidad de fijaciones.

Herramientas para el trabajo

Nivel

Lápiz

Cinta métrica

Taladro/destornillador sin cable

Llaves o alicates

Martillo

Paleta de amasar

Paleta de rejuntar

Maceta

Escoplo

Gafas de seguridad

Guantes de protección

1 Utilice un nivel y un lápiz para trazar una línea de guía vertical en la pared, desde el suelo hasta el techo. Ésta será la línea en la que se unirá el perfil de pared, ayudando a enlazar los bloques de la nueva pared a la estructura existente. Los diseños de los perfiles varían ligeramente, pero la mayoría requerirá que se taladren agujeros para realizar los anclajes. (Use la broca para albañilería especificada por el fabricante del perfil.) Sujete en su sitio, de forma estable, el perfil contra la pared y perfore a su través en la superficie de la pared que está detrás del perfil.

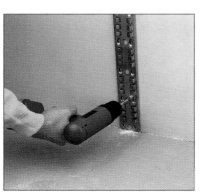

2 Coloque los tacos e introduzca los anclajes suministrados. Se suelen usar tornillos de cabeza cuadrada en esta aplicación, normalmente en combinación con una gran arandela, que da una resistencia y rigidez adicionales al anclaje. Colóquelos a mano y apriete con una llave o alicate. Continúe añadiendo tornillos de cabeza cuadrada en toda la longitud del perfil. Cuando se ha fijado en su sitio el perfil, repita los pasos 1 y 2 para colocar el perfil de la pared opuesta.

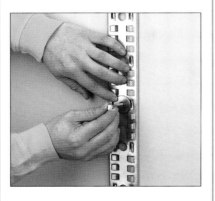

3 Coloque una cuerda tensa de pared a pared, en el borde de los perfiles, de modo que, cuando se coloque la primera fila de bloques, la

✋ Consejo de seguridad

Las paredes de bloques son bastante pesadas, por lo que debe asegurarse de que el peso puede ser soportado por el suelo de debajo. En la planta baja esto es menos problemático, sobre todo si se apoya sobre una base maciza de hormigón, pero si se trata de un suelo suspendido de madera, el problema es totalmente diferente, y se debe buscar el asesoramiento profesional. Igualmente en la primera planta o superiores también debe buscar esa aprobación, ya que las vigas pueden necesitar ser reforzadas.

cuerda corresponda a la superficie de los bloques, ligeramente por debajo de su borde superior. Puede colocarse un bloque en seco, sin mortero, para buscar el punto adecuado de unión de la línea. El otro punto de unión estará en lugar correspondiente del otro perfil de pared. Esta línea ayudará en la colocación de la primera capa de bloques.

4 Ponga una banda de mortero en el suelo, a partir del perfil, y con una longitud y anchura algo superiores a las del bloque estándar. Trate de mantener un espesor uniforme en esta masa de mortero, pero sin compactarla.

5 Tome un bloque y ponga un tapón de mortero en uno de sus extremos, usando una paleta de amasar.

El proceso de colocación de mortero en los cantos es común en las técnicas de colocación de bloques y ladrillos.

6 Levante y coloque de forma apretada el extremo del bloque con el mortero contra el perfil de pared, al tiempo que asienta el bloque en el lecho de mortero. El peso del bloque hará que el exceso de mortero salga de debajo, buscando una sólida posición de apoyo.

7 Golpee levemente el bloque con el mango de una paleta de rejuntar, con objeto de ayudar a su asentamiento y comprobar que la cara frontal del bloque justo se apoya contra la línea tensa, y que está nivelada.

8 Haga ajustes finales con ayuda de un nivel, comprobando que el bloque está nivelado y sus caras verticales. Tras la colocación final del primer bloque, siga poniendo bloques a lo largo del suelo, comprobando las nivelaciones y haciendo los ajustes que se requieran, hasta haber completado la primera fila de bloques. Elimine los excesos de mortero con una paleta, usándolo para hacer la base del bloque siguiente, junto con la cantidad adicional de mortero fresco que se necesite.

9 Ponga una capa de mortero a lo largo de la parte superior de la primera fila, con un espesor similar al utilizado en el suelo. Use también los anclajes o atados suministrados con el conjunto de perfil, uniéndolos a éste y embebiéndolos en la capa de mortero.

10 Una regla esencial en la construcción de una pared de bloques es que las juntas en niveles adyacentes no coincidan nunca. Por ello, antes de comenzar la colocación de la segunda fila, corte medio bloque, usando mazo y escoplo. Use siempre gafas de seguridad durante la ejecución de esta tarea, para protegerse de cualquier trozo que pueda saltar. Utilice una superficie robusta para que el bloque no caiga.

11 Añada el medio bloque, antes de continuar la colocación de los bloques enteros en el resto de la hilada. Continúe comprobando las nivelaciones a intervalos regulares y traslade hacia arriba la cuerda tensa, para hacerla corresponder con el siguiente nivel de bloques. No coloque nunca más de cinco filas de bloques en una sola sesión, y deje que sequen antes de avanzar con nuevas hiladas.

Aberturas

Es posible que se requiera algún tipo de abertura en la pared. Marque simplemente las dimensiones del hueco en el suelo y construya hasta esas líneas de guía, al tiempo que deja el hueco sin bloques. Una vez que llegue al nivel de la altura del hueco de paso o de puerta, se necesitará montar un dintel en la parte superior del hueco, antes de seguir colocando bloques, continuando la construcción de la pared hasta completar el nivel del techo.

Instalación de ventilación de pared ✗✗

Una ventilación eficaz es una parte fundamental en la construcción de viviendas, tanto desde el punto de vista de la eficiencia general, como del de la seguridad y la salud. Antes de la utilización de cristales dobles y las mejoras en el aislamiento, la instalación de sistemas de ventilación era raramente necesaria, ya que las corrientes eran una característica "natural" en la mayor parte de las casas. Sin embargo, el aumento de la eficacia del aislamiento en la mayoría de las casas modernas implica que deben instalarse dispositivos artificiales como sustitutivos de lo que en tiempos eran sistemas automáticos.

ZONAS DE VENTILACIÓN

Las áreas clave para la ventilación son:

• **Cuartos de baño y cocinas:** Los cuartos de baño presentan un ambiente en el que suele prevalecer el aire húmedo. La ventilación es, por consiguiente, fundamental para evitar la infestación de mohos y humedades, así como las condensaciones, que pueden arruinar la decoración. De modo similar, las cocinas pueden verse sometidas a vapor y condensaciones, así como a humos de la cocción que necesitan una buena ventilación. Ambas habitaciones suelen requerir una ventilación mecánica, como la proporcionada por ventiladores extractores, que realmente extraen el aire de la habitación, expulsándolo de la casa.

• **Suelos suspendidos:** Los suelos suspendidos o soportados por arcos requieren una ventilación por debajo de ellos, usando ladrillos con paso de aire en las paredes exteriores. Si no se instalan ladrillos con paso de aire, o si éstos se obturan, pueden aparecer problemas, como la pudrición seca.

• **Antepechos de chimeneas:** Cuando se bloquea una chimenea, se necesita instalar una rejilla de ventilación en el saliente de la chimenea, para permitir la circulación de aire en el hueco de la chimenea. El objetivo puede lograrse mediante la instalación de ladrillos con paso de aire en la pared exterior del hueco de la chimenea. Sin embargo, el primer método es más fácil de realizar y es igual de efectivo.

• **Calderas y fuegos de combustible sólido:** Estos sistemas deben ventilarse adecuadamente, con objeto de evitar acumulaciones de humos en el interior de la casa. Busque siempre el consejo profesional de un ingeniero cualificado y revise los aparatos regularmente.

Instalación de una ventilación a través de la pared

Herramientas para el trabajo

Detector de viguetas

Cinta métrica

Lápiz

Taladro y broca circular

Guantes de protección

Gafas de seguridad

Mascarilla para el polvo

Sierra de metales

Pistola de sellador

1 Marque en la pared el centro del conducto de ventilación. Compruebe la presencia de cables con el detector de viguetas, y asegúrese de que la altura y posición del agujero están de acuerdo con la reglamentación aplicable de edificación.

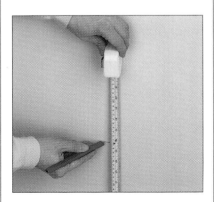

2 Coloque una broca de corte circular en el cuerpo principal del taladro, comprobando que está bien ajustada. Lea las instrucciones del fabricante parta este proceso, ya que las técnicas varían en las herramientas industriales.

3 Coloque la punta de taladro piloto en el punto marcado en la pared y taladre. El taladro piloto hará el agujero inicial en la pared para asegurar el taladro circular en su sitio y permitir que la broca grande de corte circular empiece a taladrar el agujero en la superficie de la pared. Asegúrese de sujetar el taladro, ya que es pesado y puede dar fuertes tirones al avanzar en la pared. Deben usarse gafas para proteger los ojos de restos que puedan saltar. También es importante la mascarilla para polvo, ya que el taladro puede generar mucho polvo, según se va comiendo la pared. Cuando la broca alcanza el otro lado de la pared, existe el riesgo de que haga saltar el enfoscado o los ladrillos, causando con ello un agujero de mayor tamaño que el necesario, que habría que reparar con posterioridad. Para evitar que esto suceda, puede usarse el taladro

Consejo de seguridad

Es importante disponer de consejo profesional antes de instalar o cambiar un sistema de ventilación. Esto es fundamental para combustibles, tales como el gas, el gasóleo o los sólidos, ya que el no ventilar correctamente puede poner en peligro vidas.

circular desde ambas caras de la pared, con lo que el punto de posible rotura queda dentro de la pared, en lugar de en la superficie exterior. Sin embargo, esto requerirá una medición precisa y cuidadosa al realizar el marcado en ambas caras de la pared.

4 Quite con la mano el núcleo del corte. Saldrá en una o dos grandes piezas, dependiendo de la naturaleza de la pared. Si está taladrando en una pared de cámara de aire, asegúrese de que no caigan en la cámara grandes trozos del núcleo taladrado.

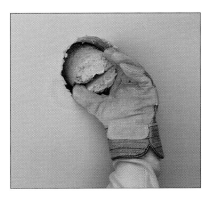

5 Forre el agujero con un trozo de conducto, cortando éste a su tamaño, usando una sierra de metales. El conducto normalmente se compra como

Consejos profesionales

La instalación de una ventilación estática en una pared exterior es un trabajo sencillo, siempre que disponga de las herramientas apropiadas. Se necesitará el alquiler de un taladro de broca circular en su tienda local; ese equipo es caro para ser comprado, máxime cuando sólo va a utilizarse en un único trabajo.

parte de un kit, que contendrá las instrucciones del fabricante para su colocación.

6 Selle con silicona alrededor de los bordes del conducto, asegurándose de hacer un sellado continuo. Realice este proceso en ambas caras, exterior e interior, de la pared. (Si las zonas de alrededor del borde del agujero se han roto o dañado al taladrar el agujero, repárelas con mortero, seguido de material de relleno multiusos, antes de la aplicación del sellador.)

7 Monte en el interior una rejilla de ventilación para cubrir el agujero. Ésta debe ser una ventilación estática de metal o plástico, sin posibilidad de ser

cerrada para impedir la ventilación. Las rejillas de plástico pueden pintarse para que armonicen con el color de las paredes, convirtiéndolas en unos elementos que se noten poco.

8 Instale en el exterior una cubierta de sombrerete sobre el agujero. Esto permite un buen caudal de aire a su través, al tiempo que limita los efectos de golpes fuertes de viento. También evita la entrada de lluvia a la habitación a través de la ventilación.

9 Selle igualmente alrededor de la cubierta de sombrerete con más sellador de silicona, para tener un sellado a prueba de lluvia.

Consejos profesionales

Cuando se necesite la instalación de ventiladores extractores eléctricos, se tendrá que buscar la ayuda de un electricista cualificado, con objeto de asegurarse de que el ventilador queda cableado de forma segura y satisfactoria. Un electricista también le asesorará sobre la colocación y tipo del ventilador requerido para disponer de suficiente caudal de aire y de una buena circulación de aire en la habitación en cuestión.

Construcción de una pared de bloques de vidrio ⟋⟋⟋

Los bloques de vidrio constituyen una alternativa menos usual que las estructuras más tradicionales de paredes, produciendo un acabado muy decorativo, que añade carácter al entorno de cualquier habitación. No pueden utilizarse como soporte estructural, pero cumplen con los requisitos para la mayoría de funciones de la mayor parte de las paredes, y forman paredes idóneas para duchas, así como para división de habitaciones. Son extremadamente versátiles y pueden utilizarse, incluso, para formar curvas, añadiendo así más interés a una superficie de pared y proporcionando un efecto atractivo y translúcido.

Herramientas para el trabajo

Nivel

Lápiz

Cuerda tensa

Martillo

Taladro sin cable

Paleta de amasar

Esponja

1 Use un nivel y un lápiz para trazar una línea de guía vertical, con precisión, en la superficie de la pared, que se extienda desde el nivel del suelo hasta el nivel de la altura de la pared terminada. Al igual que en las paredes de bloques (págs. 58-59), tienda una cuerda a la altura justo por debajo de la que ocupará el borde superior de la primera hilada de bloques, y donde tocará con la superficie de los bloques. Conviene sujetar un bloque de vidrio en su sitio, para obtener la medición de la posición y altura deseadas. Asegure la cuerda tensa en esta posición en la pared opuesta.

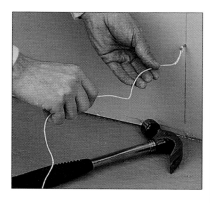

2 Para reforzar la pared terminada, se necesitará construir un bastidor rígido de acero dentro de la estructura de bloques de vidrio. Estas barras de

acero deben colocarse cada cuatro o cinco hiladas. Con objeto de obtener la posición de estas barras en la hilada inferior de bloques, sujete en su sitio, en seco (sin argamasa), un bloque, junto a la esquina con la pared para comprobar que está a la altura adecuada. Sujete una barra de acero sobre la parte superior del bloque de vidrio y marque la posición en que toca la pared.

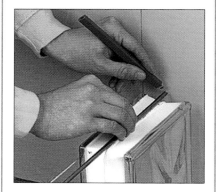

3 Retire el bloque, los espaciadores y la barra, y taladre en la marca efectuada. Mida la distancia ocupada por el bloque y los espaciadores, y marque nuevos puntos en los que se insertarán las varillas de acero. Taladre agujeros en estos puntos durante esta etapa, mejor que dejarlo para después.

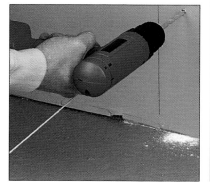

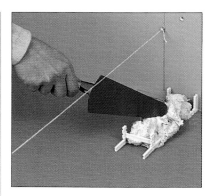

4 Mezcle algo de mortero. (Use cemento blanco, ya que produce un acabado más atractivo con ladrillos translúcidos que los otros tipos de mortero, más tradicionales.) Use espaciadores para situar los bloques con precisión. Quite entonces el bloque y ponga mortero a la zona entre espaciadores.

5 Tome un bloque de vidrio y ponga mortero en uno de los cantos, asegurando un recubrimiento uniforme y tratando de mantener las caras del bloque limpias de mortero.

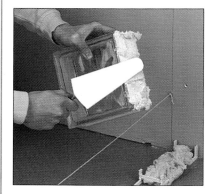

6 Vuelva a colocar el bloque en los espaciadores, de modo que el canto con mortero quede contra la pared, con el borde adyacente asentando en el lecho de mortero colocado a nivel del suelo. Verifique que el bloque queda nivelado y con las caras verticales, usando los espaciadores –el bloque debe apoyar en los bordes de cada espaciador.

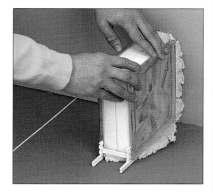

7 Coloque espaciadores y añada bloques, hasta completar la primera hilada. Use un nivel para comprobar que la colocación de los bloques es precisa. La parte superior de cada bloque debe, igualmente, apoyar en la línea tensa de guía. Inserte una varilla de acero en el agujero pretaladrado en la parte superior de la primera hilada de bloques.

8 Una vez completada la pared, retire las placas frontales de los espaciadores, retorciéndolas.

9 Cuando se hayan secado los bloques, puede darse una lechada, usando una mezcla similar a la utilizada en el proceso de construcción. Ponga mortero en las holguras de las juntas y alíselas con una esponja mojada, hasta obtener un buen acabado. Los bloques pueden necesitar una buena limpieza, pasando varias veces la esponja mojada para eliminar los restos de mortero y obtener

una superficie limpia en los bloques de vidrio. Si la pared va a usarse en una cabina de ducha, use una lechada impermeabilizante de alicatar y selle con silicona el borde de la pared.

Suelos de madera

Al construir sobre madera, fije una plancha de solera al suelo, de modo que actúe de base de la pared. Verifique que la anchura de la plancha es igual a la de los bloques de vidrio.

Espaciadores

Los espaciadores suministrados con las paredes de bloques están diseñados para adaptarse y adquirir formas de T y de L, y poder acometer todas las necesidades que se presentan en la construcción de una pared de bloques. Elimine de un golpe las partes del espaciador que no va a necesitar.

Las paredes de bloques de vidrio constituyen un elemento muy distintivo, ya que ayudan a iluminar las habitaciones, proporcionando un acabado muy atractivo.

Instalación de una chimenea ⚒

Las chimeneas siempre han tenido una doble función: además de proporcionar calor, proporcionan un foco de atención y de esa forma contribuyen a la decoración del conjunto de la habitación. La llegada de la calefacción central hizo que se bloquearan muchas chimeneas, pero su valor estético goza actualmente de un renacimiento, por lo que estos elementos están reapareciendo. Los fuegos de combustible sólido y de gas requieren una instalación profesional, pero la construcción de una chimenea con fines estéticos y ornamentales es relativamente sencilla.

Montaje de un cerco de chimenea

Algunas de las chimeneas modernas más atractivas están basadas en un diseño con hogar y trashoguero, o panel posterior de mármol. El mármol es una piedra pesada y normalmente su manejo y colocación requieren la participación de dos personas. También es frágil, por lo que se debe apoyar bien durante su colocación y mientras se espera que seque el mortero. El cerco está hecho de mdf pintado o de madera blanda tintada, como en este ejemplo.

Herramientas para el trabajo

Lápiz y cinta métrica

Paleta de albañil

Esponja

Nivel

Paleta de rejuntar

Destornillador

Pistola de sellador

1 Tras haber elegido la ubicación de la chimenea, marque su posición central en la superficie de la pared.

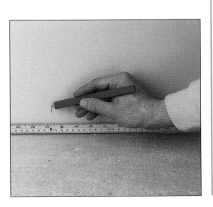

2 Tomando medidas a partir del punto marcado en la pared, trace las dimensiones del hogar sobre el suelo. Con una paleta, ponga una serie de pegotes de mortero, dentro de los límites de la línea guía de la solera. Asegúrese de que los pegotes son de tamaño similar, de modo que, cuando se coloque la solera del hogar, asiente en el lecho de mortero de modo tan uniforme como sea posible.

3 Coloque en su sitio la solera del hogar, comprobando que queda centrada con respecto a la marca de la pared, con ayuda de una cinta métrica. Deje que la solera asiente sobre el mortero. Vigile cualquier mortero que pueda escurrirse hacia fuera de los bordes y elimínelos con una esponja limpia mojada, antes de que seque.

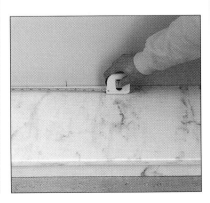

4 Use un nivel para verificar la colocación de la solera en todas sus dimensiones, de lado a lado, del frente al fondo y en las diagonales, ya que después no se podrán ajustar.

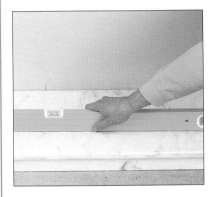

5 Añada pegotes de mortero al panel posterior y coloque éste centrado sobre la solera del hogar. Deje que el panel posterior se asegure a la pared, pero no lo presione hasta su posición final. Compruebe que asienta verticalmente, usando un nivel.

6 Levante con cuidado el cerco hasta su posición, empujando el panel posterior contra la pared, hasta que el cerco quede a paño con el paramento. Esto también ayudará a forzar el panel posterior a su posición.

7 Retire el cerco de la chimenea, y selle los bordes del panel posterior, usando algo más de mortero (una paleta de rejuntar es la herramienta idónea para este proceso). Sin embargo, tenga cuidado de que no caiga mortero en las caras de mármol; si ocurriera esto, quítelo inmediatamente con una esponja limpia, mojada, antes de que seque.

8 Vuelva a colocar el cerco de la chimenea sobre el panel posterior. Asegúrelo en su sitio mediante anclajes para planchas de vidrio, que ayudarán a que asiente pegado a la superficie de la pared. Una los anclajes debajo del anaquel de la repisa, de modo que no sean excesivamente visibles.

9 Finalmente, una el cerco interior de latón al panel posterior, pegándolo con silicona. El cerco puede presionarse en su lugar con la mano. Asegúrese de quitar cualquier exceso de silicona que rebose, mediante un trapo limpio seco, antes de que seque.

ELECCIÓN DEL MORTERO

El mortero hecho con cemento blanco es el idóneo para hogares de mármol, debido a sus cualidades estéticas. También se pueden colocar las chimeneas con yeso de capa ligante, pero, cuando se usa un mármol de color claro, tenga en cuenta que el mármol puede ensuciarse. Además, algunos tipos de mármoles tienen características de transparencia, lo que implica que los materiales de unión puedan resultar visibles en algunas zonas. Por esta razón, el mortero de color claro es mejor, pues resultará menos visible que otros tipos de adhesivos más oscuros. El cemento blanco suele estar disponible en comercios de bricolaje de buena calidad.

Una vez integrada en el resto de la decoración, una chimenea puede causar una gran mejora en el aspecto de una habitación. El pintado del hogar interno en negro mate crea la impresión de una chimenea antigua en vez de la de una reproducción recién colocada.

alteración de la estructura de un techo

Cuando se vuelve a diseñar la disposición de una habitación o se planifica un nuevo esquema de color, suele despreciarse el techo o suponerse que su terminación quedará definida por otros elementos de diseño de la habitación. Sin embargo, las cosas no tienen por qué ser así, y el inicio de cualquier proyecto de renovación debería prestar mucha atención a la mejora y posibles alteraciones del techo. Por consiguiente, en este capítulo se consideran las alturas adecuadas, el aislamiento acústico, los accesos y las propiedades de aislamiento térmico, al igual que las ideas sobre la decoración para su acabado.

Los techos suspendidos con diferentes dibujos y diseños suponen una alternativa a los acabados tradicionales de techos.

Bajar un techo – 1 ⟋⟋⟋

La razón más usual para bajar un techo es sencillamente la del deseo de reducir la altura de una habitación por motivos decorativos o de aislamiento acústico. Los techos altos son más habituales en casas antiguas, pero esto no es siempre el caso, y el nivel del techo puede ajustarse en cualquier habitación, cualquiera que sea su época, siempre que se tengan en cuenta las necesidades prácticas de espacio sobre la cabeza y apariencia final. Se trata de un proceso en dos etapas, y la primera etapa consiste en la construcción de un armazón para las planchas de yeso.

Construcción del armazón

Antes de centrar la atención en el techo, hay que considerar la construcción de la pared existente. El nuevo techo quedará soportado mediante fijaciones a las paredes de la habitación, y la resistencia de estas fijaciones es fundamental. En el caso de paredes macizas de bloques, los anclajes al hormigón y las fijaciones especiales para armazones pueden usarse con confianza, puesto que la resistencia de esas fijaciones será adecuada en todas las zonas de la pared. Si se hacen los anclajes a paredes de entramado de madera habrá que localizar primeramente la posición de los montantes. Las placas de la pared deben fijarse sobre los montantes, y no sobre las zonas con cartón yeso de alrededor. En el caso de techos con una anchura mayor de 2,4 m, habrá que colocar colgadores de madera entre el nuevo armazón y el techo existente, con objeto de proporcionar un soportado adicional.

Herramientas para el trabajo

Cinta métrica

Lápiz

Nivel

Serrucho

Taladro/destornillador sin cable

Martillo

1 Después de decidir cuánto va a bajar el nivel del techo, utilice un lápiz y un nivel para trazar una línea de referencia a lo largo de todo el perímetro de la habitación. No mida la distancia en varios puntos y los una simplemente, ya que las pequeñas

Asegurar la precisión

Es conveniente el uso de un tiempo extra para asegurarse de la precisión de las medidas, y de la correcta alineación de las viguetas, antes de la aplicación de las planchas de cartón yeso al armazón. Incluso pequeñas diferencias en los niveles de las viguetas se verán acentuadas en la colocación de las hojas de cartón yeso.

También es fundamental que las viguetas no estén fijadas a los colgadores en una posición torcida. En caso contrario, cuando vaya a aplicarse el yeso, se verá que las planchas no quedan a tope con la superficie inferior de las viguetas, dando como resultado uniones debilitadas a lo largo de toda la longitud de la vigueta.

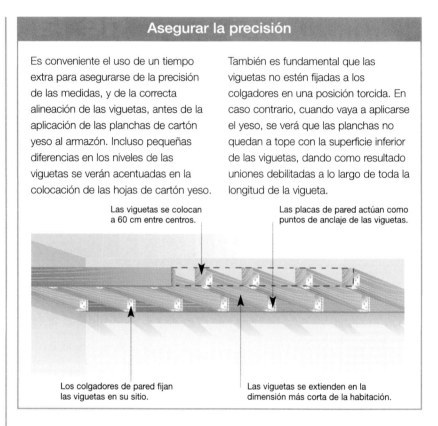

Las viguetas se colocan a 60 cm entre centros.

Las placas de pared actúan como puntos de anclaje de las viguetas.

Los colgadores de pared fijan las viguetas en su sitio.

Las viguetas se extienden en la dimensión más corta de la habitación.

ondulaciones, frecuentes en todos los techos existentes, hacen que esa línea no esté bien nivelada. Es mejor marcar el nivel en un punto y utilizar el nivel a partir de ese punto.

👍 Consejos profesionales

Los techos modernos se colocan a una altura de 2,4 m, y los fabricantes suministran la mayor parte de los tableros de construcción para esa dimensión. Ésta es una buena referencia a la hora de decidir la altura del techo. Las maderas usadas aquí para el armazón tienen 10 x 5 cm, pero pueden usarse viguetas de menor espesor. Sin embargo, las viguetas de sección más pequeña deben fijarse a intervalos menores, debiendo usarse, además, colgadores de madera para unir las viguetas al techo existente. El espesor de las planchas de cartón yeso puede afectar a la posición de las viguetas. Para cartón yeso de 12,5 mm, ancle las viguetas cada 60 cm; para planchas de cartón yeso de 9,5 mm, las viguetas deben montarse en intervalos de 40 cm.

2 Fije listones aserrados de madera de 10 x 5 cm a cada una de las paredes laterales, con los bordes inferiores colocados sobre la línea de referencia a lápiz. Haga anclajes cada 40 cm a lo largo de la madera. En este ejemplo se sujetan las placas de pared con anclajes para hormigón, ya que las paredes están hechas de bloques. Si las uniones se hacen a paredes de entramado, utilice un detector de viguetas para localizar la posición de los montantes y, con ello, el sitio conveniente para realizar los anclajes.

3 Las viguetas que forman el armazón deben estar siempre colocadas de modo que crucen la habitación en su dimensión más corta. Marque cada 60 cm, a lo largo de las placas de paredes adecuadas, opuestas, la posición prevista de los colgadores metálicos que soportarán las viguetas.

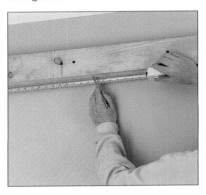

4 En cada punto marcado en las dos placas de pared, clave en su lugar un colgador y fíjelo a la parte inferior de la placa de pared.

5 Corte las viguetas a la longitud exacta entre las placas de pared opuestas, colocando las viguetas cortadas dentro de los colgadores. Clave a continuación el colgador en los lados de la vigueta, con objeto de sujetar ésta en su sitio. Clave después el colgador a la superficie lateral de la placa de pared para un anclaje final seguro. Continúe uniendo viguetas a los respectivos colgadores a lo largo del resto del armazón del techo.

6 Con objeto de dar más rigidez al armazón, pueden añadirse unos travesaños de refuerzo entre las viguetas a intervalos escalonados de un metro. El techo puede considerarse ahora listo para la colocación de las planchas de yeso.

Techos a dos niveles

Mucha gente escoge la disposición del techo en varios niveles, como alternativa al cambio de nivel de la totalidad del techo. Esto es adecuado en habitaciones en las que hay ventanas altas que impiden bajar la altura de todo el techo, o para gente que prefiere una variación en la altura de la habitación. El mismo sistema básico puede usarse para construir el armazón, con algunas modificaciones menores en la estructura principal.

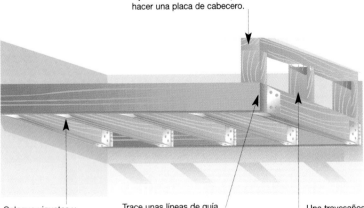

Fije una madera al techo, para hacer una placa de cabecero.

Coloque viguetas y colgadores de pared, como en el caso de una bajada general del nivel de todo el techo.

Trace unas líneas de guía verticales en las posiciones en donde irá el escalón del techo y monte una placa de pared hasta el techo existente.

Una travesaños entre el borde del techo bajado y la placa de cabecero.

Bajar un techo – 2 ✎

Una vez montado en su sitio el armazón para el techo bajado, hay que colocar en su lugar el cartón yeso, antes de proceder al forrado en seco o al enlucido con yeso. Las planchas grandes de cartón yeso pueden resultar de manejo difícil (véase más abajo), y los listones constituyen, en muchas ocasiones, la solución idónea. Éste es también el momento de considerar la instalación de elementos adicionales, tales como los de aislamiento acústico o los dispositivos de alumbrado. Todas estas tareas son de ejecución sencilla, siempre que se planifiquen con antelación.

COLOCACIÓN DE PLANCHAS DE CARTÓN YESO

Si está utilizando tableros de cartón yeso de dimensiones normales, tendrá que utilizar la asistencia de un ayudante para levantar y maniobrar con las planchas. Clave las hojas cada 150 mm, a lo largo de las viguetas, en tanto que las juntas entre planchas deben quedar en el centro del ancho de las viguetas. De este modo se logra que los bordes de dos hojas diferentes se unan a lo largo de una única vigueta.

Colocación de cartón yeso con listones

Los listones son mucho más pequeños y fáciles de manejar que los tableros grandes de cartón yeso, lo que facilita la maniobrabilidad y le permiten trabajar solo. También son idóneos cuando se colocan las viguetas cada 60 cm, ya que se suministran en hojas de 120 x 60 cm, con lo que no se precisarán cortes, excepto en el perímetro del techo.

Herramientas para el trabajo

Martillo

Destornillador (opcional)

Serrucho

Guantes de protección

1 Comenzando en una esquina de la habitación, fije una sola plancha a lo ancho de tres viguetas del techo. Los clavos para cartón yeso son los adecuados para este proceso, o también, como alternativa, pueden usarse tornillos para cartón yeso.

2 Continúe uniendo planchas a las viguetas, escalonando las juntas, formando así un dibujo de enladrillado. Para ello, según avance en la colocación de las planchas, tendrá que ir midiendo y cortando planchas a los tamaños requeridos de los huecos resultantes.

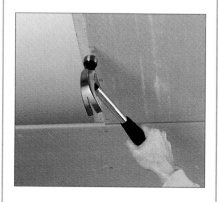

Aislamiento acústico

La bajada de la altura del techo proporciona una buena ocasión para mejorar el aislamiento al ruido. Puede lograr una reducción del ruido producido en la habitación de arriba, mediante la introducción de losetas de aislamiento, antes de proceder a la colocación de los tableros de cartón yeso. (Una alternativa de técnica de aislamiento acústico se da en las páginas 74-75, en donde el bajar la altura del techo no es una opción.)

1 Encaje y entrelace losas de aislamiento al ruido en la parte superior de las viguetas y el techo existente. Si no ha podido bajar tanto el nivel del techo, haga la misma operación, pero usando losetas de 5 cm, en lugar de losetas de 10 cm de espesor. Apoye las losetas en su posición, de modo que formen junta, quedando sueltas, pero acuñadas encima de las viguetas.

2 Clave las hojas de cartón yeso al techo en la forma habitual. Tenga en cuenta que, en este caso, es mejor usar hojas grandes en lugar de las hojas pequeñas de listones, ya que

cuantas menos juntas haya, tanto mejor será el efecto de aislamiento. Aplique entonces una segunda capa de cartón yeso. (Véase paso 5 de la página 74.)

Tratamiento de rosetones de techo

Consejo de seguridad

Antes de comenzar un trabajo cualquiera, en o cerca de un rosetón del techo, desconecte el suministro eléctrico en el cuadro de entrada y no vuelva a conectarlo hasta haber finalizado los trabajos eléctricos.

Los techos no suelen tener muchos obstáculos, y, por tanto, el bajarlos puede constituir una tarea relativamente libre de inconvenientes. La excepción principal es el rosetón de techo con su lámpara, que deberá ser ajustado, o alargado, de modo que pueda usarse en el nuevo nivel del techo. Este trabajo debe hacerse después de haber montado las nuevas viguetas, pero antes de comenzar la colocación de las planchas de cartón yeso.

Herramientas para el trabajo

Destornilladores (diversos)

Taladro sin cable

Martillo

Lápiz

Cinta métrica

1 Desatornille el rosetón del techo a mano, permitiendo que la tapa deslice por el cable hasta el accesorio propiamente dicho.

2 Desenrosque los tornillos de retención que mantienen en su sitio la placa del rosetón, fija al techo antiguo. Guarde los tornillos, ya que los necesitará más tarde.

3 Suelte los cables eléctricos, aflojando los tornillos de las regletas correspondientes, permitiendo que los cables queden libres. La lámpara de techo puede ser ahora separada de los cables eléctricos y puesta a un lado.

4 Encinte cada extremo de los hilos del cable eléctrico con cinta aislante. Verifique que cada hilo quede separado de los otros hilos.

Consejos profesionales

Puede ser conveniente la sustitución de los aparatos de iluminación por puntos de luz empotrados, que en general ocupan un menor volumen. Sin embargo, consulte siempre a un electricista cualificado, antes del inicio del trabajo.

5 Coloque las planchas de cartón yeso del techo, hasta llegar a un punto en que oculte los cables totalmente. Taladre la plancha de cartón yeso, justo por debajo de los cables, usando una broca de tamaño suficiente para que permita el paso del cable.

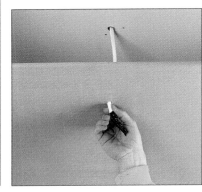

6 Estire el cable, pasándolo a través del agujero realizado; continúe después colocando cartón yeso en el resto del techo. Si el cable, en su posición original, queda demasiado alto, no disponiendo del exceso de longitud para estirar hasta el nuevo nivel del techo, habrá que añadir un tramo extra de cable al existente, unido al anterior en una caja de conexión. Una vez que el techo se ha enyesado o forrado en seco, puede volver a conectarse la lámpara del techo.

Falso techo suspendido ⁄⁄⁄

Los techos suspendidos están ligados tradicionalmente con las tiendas, oficinas y edificios comerciales. Sin embargo, tales estructuras de techo están siendo cada vez más utilizadas en viviendas particulares. Constituyen una opción ideal para bajar el nivel de un techo, y requieren menos trabajo estructural que las modificaciones hechas mediante viguetas y tableros de cartón yeso. Las losetas suministradas para falsos techos suspendidos suelen tener propiedades de aislamiento acústico y térmico, constituyendo por ello una útil alternativa a los techos tradicionales.

La construcción de un techo suspendido es un ejercicio sencillo, siempre que se haya dispuesto del suficiente tiempo para su planificación. Es útil dibujar un plano a escala de la habitación, con objeto de calcular la colocación y, con ello, la mejor localización de los soportes del armazón (véase la figura de abajo).

Herramientas para el trabajo

Cinta métrica
Nivel
Taladro/destornillador sin cable
Sierra de metales
Alicate de corte lateral
Alicates
Serrucho

1 Trace a lápiz una línea de guía a lo largo de las paredes perimetrales, a la altura deseada del techo suspendido. Fije angulares a lo largo de esta línea, a intervalos de 40 cm. Su fijación en paredes sólidas de bloques resultará sencilla, pero en el caso de paredes de entramados, tendrá que seguir la disposición de los montantes (pág. 68).

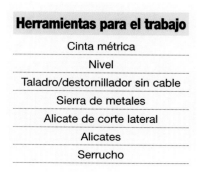

2 Fije soportes en escuadra al techo existente a intervalos medidos, por encima de las posiciones en que quedarán los soportes principales.

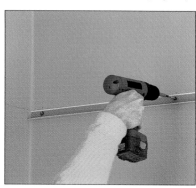

3 Corte un tramo de alambre de colgador a una longitud manejable –2 ó 3 m es adecuada– y asegure uno de los extremos a un objeto pesado, tal como un banco de trabajo. Empuje el otro extremo del hilo en un taladro sin cable, y apriete la mordaza hasta que quede bien sujeto. Arranque el taladro en posición lenta, provocando que el alambre quede totalmente tenso y rígido. Con esto se asegurará que el alambre no está flojo, por lo que proporcionará un soporte rígido, cuando se coloque entre el techo y los soportes.

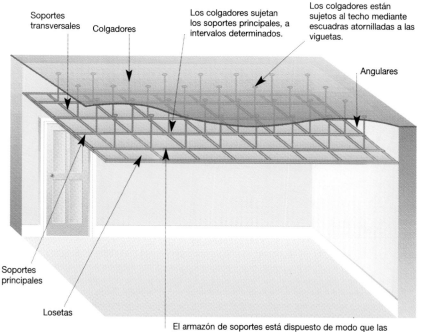

Soportes transversales

Colgadores

Los colgadores sujetan los soportes principales, a intervalos determinados.

Los colgadores están sujetos al techo mediante escuadras atornilladas a las viguetas.

Angulares

Soportes principales

Losetas

El armazón de soportes está dispuesto de modo que las losetas cortadas quedan a una distancia igual de todas las paredes que forman el perímetro de la habitación.

4 Use alicates de corte lateral para cortar el alambre. Deje un exceso de 10 cm en cada extremo del tramo para su unión a los soportes del armazón y a las escuadras.

5 En cada soporte de escuadra, ensarte un tramo de alambre por el agujero del soporte y apriételo en su sitio, enrollando el extremo del alambre sobre la sección vertical principal, con ayuda de unos alicates.

6 Coloque los soportes principales sobre los angulares. Ensarte el extremo de los alambres de los colgadores en los agujeros apropiados del soporte y enrolle ese extremo sobre la vertical principal del alambre.

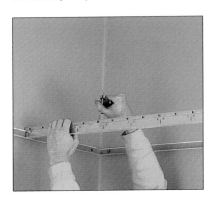

7 Instale en su lugar los soportes transversales sobre los soportes principales y a las distancias correctas. Los intervalos deben corresponder a las dimensiones de las losetas.

8 Apoye las losetas en su sitio, alimentándolas por encima del nivel del techo suspendido y colocándolas en su lugar entre los soportes. Siempre es mejor colocar primero las losetas enteras, antes de proceder a la colocación de las de los bordes. (Las losetas del borde pueden cortarse mediante un serrucho, antes de su instalación en el lugar adecuado.) Algunos fabricantes suministran clips que se ajustan en la parte superior de los soportes para sujetar la loseta presionándola hacia abajo.

Consejos profesionales

Los soportes principales deben cortarse de modo que ajusten perfectamente entre los angulares de paredes opuestas. Marque la longitud exacta requerida sobre el soporte principal, y córtelo usando una sierra de metales.

Los diferentes dibujos y diseños hacen que los techos suspendidos constituyan una alternativa poco habitual a los acabados tradicionales de techos.

Aislamiento acústico en techos ✂

Si no se puede combinar el aislamiento acústico con la bajada de la altura del techo (véase página 70), pueden tener que utilizarse otras técnicas para reducir la propagación del sonido. Uno de los métodos es levantar el suelo de la habitación superior y aislar desde arriba el techo en cuestión. Otra alternativa es trabajar desde abajo, retirando el techo existente y comenzando por rayar el techo.

Trabajo desde abajo

El aislamiento acústico desde abajo requiere retirar las planchas de cartón yeso del techo existente. Una vez que pueda penetrar a través de la primera pieza de cartón yeso, la tarea pasa a ser el caso más sencillo de retirar tramos y planchas con ayuda de un martillo o palanqueta.

Herramientas para el trabajo

Martillo de uña

Palanqueta

Taladro sin cable

Guantes de protección

1 Retire cuidadosamente el antiguo techo, usando una palanqueta. Compruebe a continuación la presencia de cables o tuberías entre las viguetas. Quite cualquier clavo que haya quedado; todas las viguetas deben estar libres de obstáculos antes del comienzo de los trabajos, de modo que se puedan insertar las nuevas fijaciones sin problemas.

2 Comenzando por un extremo del techo, fije barras aislantes del ruido a lo ancho de las viguetas en intervalos de 40 cm. Sujete las barras mediante tornillos para paredes secas, verificando que el tornillo penetra, a través de la almohadilla de espuma, en la vigueta.

3 Introduzca sobre las barras de aislamiento de ruido, entre las viguetas, unas planchas de 120 x 60 cm de material de aislamiento acústico. Asegúrese de que las planchas se tocan y unen sobre las barras antirruido. Continúe colocando planchas hasta cubrir toda la zona. Use guantes de protección en este proceso, ya que las fibras de las planchas pueden producir una irritación de la piel.

4 Fije planchas de cartón yeso de 12 mm al techo, usando tornillos para pared seca. Fije los tornillos en las barras antirruido, cada 15 cm. Permita que los tornillos agarren para sujetar las hojas de cartón yeso en su sitio, pero sin que la cabeza del tornillo penetre en la superficie, debilitando la fijación.

5 Fije hojas de cartón yeso de 9 mm sobre la primera capa de cartón yeso, escalonado las juntas, de modo que ninguna de las de esta segunda capa se superponga con las juntas de la primera capa. Se necesitarán tornillos para pared en seco de mayor longitud, de modo que penetren a través de las dos capas de cartón yeso en las barras antirruido. Ahora se puede proceder al enlucido con yeso o al forrado en seco del techo, en la forma habitual.

Consejos profesionales

Una forma habitual de hacer un sellado a prueba de ruidos alrededor del borde del techo es la del abovedado. (Véanse páginas 92-93.)

Trabajo desde arriba

Si es posible, la realización de la insonorización trabajando desde arriba constituye una forma más sencilla para lograr un buen aislamiento. Aunque esto requiera levantar el suelo del piso de arriba, suele ser menos complicado que el retirar todo el techo. Las planchas de insonorización se meten desde encima por los huecos que quedan entre las viguetas, antes de volver a colocar el suelo. Sin embargo, cuando el canto de las viguetas o el espacio del techo es grande, se puede combinar una insonorización con arena y las planchas de material aislante para obtener un sistema de aislamiento al ruido más efectivo.

Herramientas para el trabajo

Escoplo
Serrucho
Martillo
Taladro/destornillador sin cable
Mascarilla para el polvo
Guantes de protección

1 Levante el suelo hasta llegar a las tablas del suelo, y quite éstas con ayuda de un escoplo. Tenga cuidado de no dañar ninguna de las tablas, ya que habrá que volver a colocarlas, una vez finalizado el aislamiento acústico.

2 Corte listones de 5 x 2,5 cm con un serrucho. Fije estos listones a lo largo de la parte inferior de las viguetas, justo por encima del techo de cartón yeso.

3 Corte e instale tiras de contrachapado de 12 mm de espesor entre las viguetas, fijándolas en su sitio, clavándolas a los listones anteriores.

4 Forre la cara del contrachapado con una lámina de plástico. Doble la lámina en las esquinas, permitiendo que se superponga con los laterales de las viguetas del suelo, hasta la parte superior de éstas. Clávela tan sólo en la parte superior de las viguetas.

5 Vierta cuidadosamente arena secada en horno sobre el contrachapado, entre las viguetas, extendiéndola para formar una capa de 5 cm de espesor. Un trozo de listón, cortado a la anchura del espacio entre viguetas, es una herramienta idónea para extender la arena, obteniendo un espesor uniforme.

6 Instale planchas de aislamiento acústico de 120 x 60 x 10 cm entre las viguetas, sobre la arena. Las planchas pueden tener que cortarse para que ajusten; utilice un serrucho y lleve mascarilla para el polvo mientras corta. También se deben utilizar guantes de protección durante la instalación de las planchas de aislamiento al ruido; una capa de base gruesa y una alfombra gruesa también ayudarán a tener un buen efecto aislante.

Consejo de seguridad

Recuerde que la arena añade un considerable peso adicional al techo, por lo que debe verificar con un ingeniero estructural que el techo soportará la carga. Adicionalmente, esta técnica no debe usarse en techos con tuberías de agua. Cualquier fuga que pueda empapar la arena aumentará con el tiempo el peso aún más, lo que puede provocar el hundimiento del techo.

Aislamiento térmico de un techo ↗

El intento de lograr la mayor eficiencia energética en su vivienda proporciona beneficios económicos y ayuda a la conservación del medio ambiente. Una de las formas más sencillas de mejorar la eficiencia energética es la de tener un buen aislamiento del desván. Éste es de fácil colocación, aunque requiere una cierta atención a cómo librar los obstáculos.

Aislamiento mediante mantas

El aislamiento mediante mantas es la forma más habitualmente usada para aislar desvanes, ya que es el material más fácil de manejar y se puede extender muy fácilmente. Las medidas de los rollos en que se suministra hacen fácil de estimar la cantidad requerida. Al tomar medidas, asegúrese de elegir dimensiones de rollos de igual anchura (o ligeramente más anchos) que la distancia entre viguetas de su desván. Esto ayudará a evitar cortes innecesarios.

Herramientas para el trabajo

Guantes de protección

Mascarilla para el polvo

1 Desenrolle la manta aislante entre las viguetas. No la comprima, ya que gran parte de su eficacia se consigue manteniendo su espesor. Corte la manta a mano, con cuidado, en los sitios en que se necesita una división.

2 Se logra una mayor eficiencia extendiendo una segunda capa por encima, perpendicularmente. Esta técnica oculta las viguetas, de modo que, si elige esta opción, puede necesitar hacer puentes de acceso en el desván.

Aislamiento de relleno suelto

El aislamiento con relleno suelto ofrece una opción distinta a la de las mantas. Aunque puede utilizarse en la mayor parte de las ocasiones, se usa principalmente en desvanes en los que abundan los espacios difíciles de rellenar, en los que constituye una opción más realizable que el aislamiento con manta. Está hecho de un material similar al de las mantas, pero está triturado en trozos pequeños.

Consejo de seguridad

Use siempre guantes de protección y mascarilla para el polvo al manejar un aislamiento para desvanes, ya que las fibras que contiene pueden irritar tanto la piel como las vías respiratorias.

Consejos profesionales

Al realizar el aislamiento del desván, no cubra ningún hueco de ventilación. La mayoría de los espacios del tejado se ventilan a través de rejillas o aberturas en el desván, o en la unión del tejado con los muros exteriores. Si se tapan estas zonas pueden aparecer problemas de condensaciones y humedades, por lo que se deben dejar libres de material de relleno.

1 Vierta directamente el material de relleno desde la bolsa, sobre los huecos entre viguetas.

2 Utilice un trozo de listón, cortado a la distancia entre viguetas, para igualar la superficie de relleno suelto en dicho hueco.

Consejos profesionales

Al igual que se debe evitar que se taponen los huecos de ventilación, los accesorios eléctricos empotrados deben quedar sin cubrir, de modo que no se sobrecalienten. Corte alrededor de los accesorios eléctricos, dejando un hueco amplio entre el material de aislamiento y el accesorio.

El aislamiento debe quedar por encima de los obstáculos, con preferencia a que se sitúe por debajo. Haga algunos puentes de cartón sobre las tuberías, antes de cubrirlas por encima con material de relleno suelto.

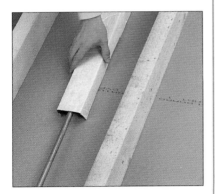

Trampillas de desván

Las trampillas de los desvanes deben poder abrirse, por lo que no se puede colocar, simplemente, aislante por encima de la parte superior de la trampilla. Sin embargo, sigue necesitándose un aislamiento, si se quiere que éste sea efectivo en su conjunto.

Herramientas para el trabajo

Serrucho

Martillo

Guantes de protección

Mascarilla para el polvo

Corte cuatro piezas de 12,5 x 2,5 cm de madera cepillada a las medidas de las dimensiones de los diferentes lados de la trampilla del desván. Clávelas entre sí para formar una especie de caja de poca altura.

Inserte un trozo de manta en el interior de la caja. También puede usarse relleno suelto para aislamiento.

Corte una pieza de contrachapado del tamaño requerido. Únala a la parte superior de la caja y coloque la caja a modo de trampilla.

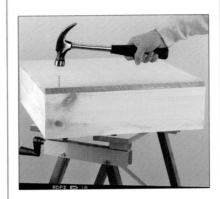

QUÉ HACER CON LAS TUBERÍAS

El tratamiento más adecuado de las tuberías situadas entre o por debajo del nivel de las viguetas es el mostrado a la izquierda. Sin embargo, en el caso de tuberías situadas encima de las viguetas, se necesita un método diferente para realizar el aislamiento.

Monte un revestimiento calorífugo para tuberías alrededor de todas las tuberías expuestas, coloque a tope todas las juntas entre tramos.

Donde se requiera una juntura, corte el revestimiento en inglete, de modo que se consiga una junta precisa. El revestimiento aislante puede cortarse con un cúter o tijeras.

Aislamiento de depósitos de agua

El uso cada vez más frecuente de calderas combinadas hace que sea menos probable encontrar depósitos de agua en el desván. Sin embargo, la mayoría de las casas antiguas disponen todavía de depósitos de agua para la alimentación de los diversos sistemas de la casa. Por ello es importante asegurarse de que el depósito está bien aislado térmicamente.

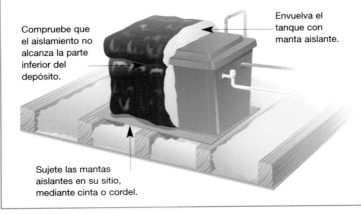

Compruebe que el aislamiento no alcanza la parte inferior del depósito.

Envuelva el tanque con manta aislante.

Sujete las mantas aislantes en su sitio, mediante cinta o cordel.

Trampilla de desván ⁄⁄⁄

Aumenta el reconocimiento de que los desvanes constituyen un espacio infrautilizado. Mucha gente estudia la idea de convertir esos espacios en una habitación adicional o para aumentar la capacidad de almacenamiento, liberando otras habitaciones. El diseño de la mayoría de los desvanes presenta algún tipo de acceso desde el resto de la casa, pero el proyecto de renovación puede hacer necesaria la inclusión de una trampilla propiamente dicha.

Inserción de una trampilla

Herramientas para el trabajo

Detector de viguetas
Cinta métrica
Lápiz
Nivel
Sierra para cartón yeso
Serrucho
Taladro/destornillador sin cable
Martillo

Antes de comenzar el proceso de instalación de una nueva trampilla, hay que hacer los cálculos necesarios y juicios sobre la idoneidad de su situación. Si se requiere un acceso mediante escalera, compruebe que el emplazamiento escogido tiene capacidad para el almacenamiento y el soportado de dicho equipo. De igual modo, verifique qué hay por encima del sitio previsto para la trampilla, adoptándose las precauciones necesarias para que no haya interferencias con sistemas de servicios. Las dimensiones deben ser suficientemente grandes para permitir un acceso cómodo para las personas y los enseres que deban pasar a través de la abertura. La estructura del techo es fundamental, ya que, probablemente, habrá que cortar algunas viguetas para dejar espacio libre para la zona de acceso. Es aconsejable, por tanto, pedir consejo profesional antes de embarcarse en el proyecto, con objeto de asegurarse de que la estructura del techo soportará la construcción de la trampilla del desván. En casas viejas, en las que los cantos de las viguetas suelen ser mayores,

esto rara vez constituye un problema. En las casas modernas, empero, las viguetas suelen tener menor espesor y hay que comprobar necesariamente la resistencia de la estructura.

1 Use un detector de viguetas para marcar la posición de las viguetas en el techo. Marque la situación prevista de la trampilla, comprobando que dos lados opuestos quedan exactamente por debajo de los bordes de dos viguetas. De este modo sólo habrá que cortar una vigueta central para hacer la abertura.

2 Use una sierra para pared en seco a fin de cortar siguiendo la línea de guía a lápiz. En los dos lados del cuadrado que corren en la misma

dirección que las viguetas trate de mantener la hoja de la sierra contra la superficie lateral de la vigueta, siguiendo, con ello, su borde. Esto ayudará a lograr un corte preciso a la anchura exacta entre viguetas.

3 Tras retirar el cartón yeso del hueco de la trampilla, utilice un serrucho para cortar la vigueta situada en el medio. Así se conseguirá un acceso al espacio del desván. Recorte la vigueta central (desde arriba) 5 cm a cada lado de la abertura de la trampilla, de modo que los travesaños de refuerzo, que se insertan para formar los otros dos lados de la trampilla y rigidizar la estructura, no ocupen parte del hueco realizado para la trampilla.

4 Utilice un serrucho para cortar al tamaño adecuado los travesaños de refuerzo, y atorníllelos en su sitio, formando el marco de la trampilla. Además de fijar los travesaños, de forma centrada, a la vigueta cortada, habrá que fijarlos en las esquinas. Inserte con inclinación tornillos en todas las esquinas del marco, atravesando los travesaños y penetrando en las viguetas, ayudándose de un taladro sin cable.

5 Corte a las dimensiones interiores de la trampilla tablas de 12,5 x 2,5 cm de madera blanda. Fíjelas en su sitio, clavándolas o atornillándolas directamente a las viguetas y travesaños que forman el marco. Compruebe que el borde inferior queda a ras con el techo, consiguiendo un cerco liso al que unir el resto de los elementos de la trampilla.

6 Corte un listón de 2,5 x 0,5 cm a las dimensiones interiores de ese cerco. Marque una línea de guía con un lápiz alrededor del cerco, a la mitad de su altura. Clave el listón en su sitio, de modo que su borde inferior asiente exactamente sobre la línea de guía. Este listón actuará como reborde sobre el que apoyará la trampilla terminada.

7 Mida y corte la moldura del marco, e instálela alrededor del cerco. Haga que el borde frontal de la moldura monte dividiendo en dos partes iguales el borde del cerco. Así se obtendrá un acabado limpio y equilibrado.

8 Apriete las uniones en inglete de la moldura del marco, clavando fijaciones adicionales en cada esquina, llevando la unión en inglete a una posición final firmemente sujeta.

9 Finalmente, corte una hoja de aglomerado de media densidad (mdf) a las dimensiones de la trampilla y déjela caer en su posición sobre el reborde realizado con el listón. Este tablero puede recibir una imprimación y pintarse como desee.

Escaleras de trampilla

El acceso al desván a través de la trampilla puede hacerse mediante una escalera portátil, o bien mediante una escalera permanente diseñada para este uso. Muchos fabricantes suministran sistemas de escalera de fácil instalación, pero debe asegurarse de que la escalera resulta accesible y de que el desván tiene espacio para acomodarla, sin viguetas que lo impidan. Si es posible, seleccione el diseño de escalera antes de realizar la trampilla, ya que muchos fabricantes especifican unas dimensiones y colocación particulares, con objeto de obtener los mejores resultados en su funcionamiento.

Compruebe que la escalera tiene espacio para plegarla en el hueco del desván; éste depende del diseño, por lo que debe verificarlo con las instrucciones del fabricante.

Instale las bisagras necesarias en la trampilla del desván.

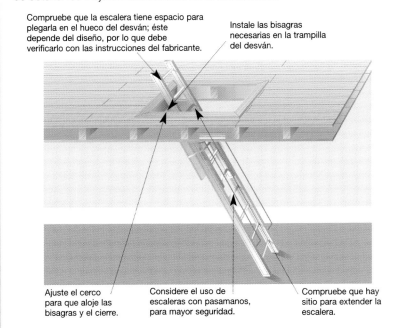

Ajuste el cerco para que aloje las bisagras y el cierre.

Considere el uso de escaleras con pasamanos, para mayor seguridad.

Compruebe que hay sitio para extender la escalera.

Construcción de un techo de listones ⚡⚡⚡

Los trechos de listones ofrecen una alternativa puramente decorativa a la estructura tradicional de techos. Pueden ser útiles para tener un efecto de bajar la altura del techo en el caso de techos especialmente altos, y necesitan menos consideraciones estructurales que bajar el techo completo (véanse páginas 68-71). Sin embargo, los techos con listones necesitan gran cantidad de madera y el mecanismo de unión y las mediciones realizadas en su construcción requieren una gran precisión, con objeto de lograr el mejor efecto posible.

Herramientas para el trabajo
Lápiz
Nivel
Serrucho
Escuadra de combinación
Sierra de ingletes
Formón
Maceta de madera
Taladro/destornillador sin cable

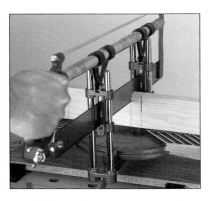

1 Trace una línea de nivel alrededor del perímetro de la habitación, utilizando lápiz y nivel de burbuja. Esta línea corresponde al borde inferior del techo de listones, por lo que su situación debe considerarse con gran atención. La altura está determinada por la altura del techo existente en la casa. La altura de techos de las casas antiguas, más tradicionales, varía considerablemente, pero en las casas modernas suele ser de unos 2,4 m.

3 Trace una línea divisoria en el medio de un retal de tabla de 7,5 x 2,5 cm de madera blanda preparada. Sujete dicho retal junto a cada una de las líneas de guía trazadas en toda la longitud de la tabla, marcando una segunda línea de guía correspondiente al espesor de los listones. Después, usando la línea divisoria marcada en el retal, marque el punto de cruce de la línea de guía con la línea divisoria del retal, en ambas caras de éste.

5 Corte cada parte aserrada de la tabla con un formón. Compruebe que las dimensiones de la hoja del formón encajan entre los cortes hechos con la sierra, de modo que se obtenga un acabado limpio. Un golpe ligero con una maceta de madera sobre el formón suele bastar para eliminar este trocito de madera. Repita los pasos 2-5 para la tabla de madera de la pared opuesta. Es conveniente lijar la zona de corte, eliminar rugosidades en los bordes.

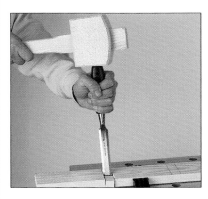

2 Corte una pieza de 7,5 x 2,5 cm de madera blanda preparada a la longitud de la dimensión más larga de la habitación. Use una escuadra de combinación para hacer unas líneas de guía cada 15 cm, a lo largo de toda la longitud de la pieza.

4 Con una sierra de ingletes, ajustada a 90°, corte hasta estas marcas, en cada una de las líneas de guía de los listones realizada sobre la tabla. Sea preciso en la realización de este corte, no permitiendo que penetre más allá de la marca.

6 Atornille a la pared, en la posición adecuada, las tablas en las que se han practicado las incisiones, de modo que el borde inferior, es decir, el que no tiene hechas incisiones, quede sobre la línea de referencia trazada en la pared. Atornille las fijaciones cada dos

incisiones, usando tornillos de anclaje al hormigón o tornillos y tacos de pared. En las otras dos paredes opuestas –aún no tocadas– fije tablas de 7,5 x 2,5 cm enteras, entre las dos tablas en que se han hecho las incisiones, de modo que queden pegadas a la pared.

7 Mida con exactitud entre cada dos incisiones de tablas opuestas (de pared a pared). Corte tablas de 7,5 x 2,5 cm de madera blanda preparada de acuerdo con esas medidas. En los extremos, mida con precisión el ancho de la tabla –2,5 cm en este caso– y divida por la mitad la anchura de la tabla, obteniendo una línea de guía en forma de L. Corte y elimine esa parte en cada extremo.

8 Coloque una tabla entre las incisiones apropiadas, permitiendo que la tabla asiente en su sitio.

9 Pueden requerirse un par de golpes con la maceta de madera para encajar las tablas. Repita este proceso a lo largo y ancho de todo el techo.

👍 Consejos profesionales

En los techos en los que la longitud de las tablas resultara de más de 3 m, puede necesitarse un soportado adicional. Fije un listón de 5 x 5 cm de madera cepillada a través de la parte superior de las tablas, y únalo al techo mediante colgadores.

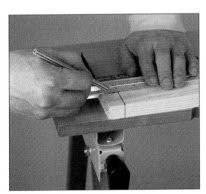

👍 Consejos profesionales

Bajar el nivel del techo implica también ajustar el cableado de la habitación. Pueda que sea posible alargar los ajustes de lámparas o fluorescentes. Una opción podría ser fijar unos enchufes en los apliques de la pared. Consulte a un electricista antes de embarcarse en esta labor.

El pintado del techo original por encima de las tablas puede mejorar el efecto deseado. Las mismas tablas pueden también utilizarse como un sistema del que suspender elementos decorativos adicionales.

acabados y revestimientos

Una vez que se ha cambiado la estructura de una habitación, harán falta algunos trabajos adicionales para dejarla lista para los toques finales y aspectos decorativos. Es especialmente importante lograr un correcto acabado de los techos y paredes que los haga idóneos para recibir las capas de pintura o el revestimiento decorativo de cualquier otro tipo que se tenga planeado. Por tanto, se explicarán en este capítulo los procedimientos correctos para enlucir o forrar en seco; ambos son trabajos esenciales en el proceso de acabado de una construcción. El resto del capítulo contempla cualquier otra opción de naturaleza decorativa, como por ejemplo técnicas para dar más importancia a superficies de paredes o techos, para personalizar una habitación y conseguir aspectos y características individuales.

83

Los paneles decorativos de pared dan un acabado atractivo a cualquier habitación, especialmente cuando se usan en un hueco de escalera.

Forrado de paredes en seco ///

De la misma forma que hemos explicado cómo realizar particiones y la manera de fijar las planchas de yeso sobre la pared, también es importante lograr un cierto grado de acabado liso de la pared antes de aplicar las diferentes capas de pintura decorativa. Las dos clases más frecuentes de acabados de paredes son el enlucido y el forrado en seco. Este último es, en términos generales, una manera de conseguir uniones limpias entre dos planchas de cartón yeso, lo que proporcionará un acabado limpio y profesional.

Forrado en seco

Aunque la estructura básica de las planchas de cartón yeso es la misma, existen pequeñas diferencias de diseño para ayudar a conseguir un acabado más liso. Cuando se va a realizar un forrado en seco, las planchas que se utilizarán para realizar la pared deberán tener los bordes ligeramente disminuidos. Este tipo de bordes se ajustan perfectamente a las características de la cinta de rejuntar autoadhesiva y a la masilla para juntas, lo que permitirá conseguir una superficie regular y lisa.

Herramientas para el trabajo

Puntero
Martillo o destornillador
Tijeras y cúter
Espátula para masilla o rasqueta
Esponja
Cuchilla para cintas y recubrimientos
Mascarilla antipolvo
Cepillo para el polvo
Alicates de corte lateral

1 Antes de comenzar, compruebe que no sobresale ninguna cabeza de clavo o tornillo. Si alguna de ellas no estuviese bien clavada, habría que

introducirla un poco más usando un puntero y un martillo. Tenga cuidado de clavarlas hasta que queden un poco por debajo de la superficie; no las clave demasiado porque se puede agrietar el cartón yeso y por ello no quedar sujeto. Si se emplean tornillos para pared en seco, se aprietan con un destornillador.

2 Aplique cinta de rejuntar autoadhesiva a lo largo de toda la plancha de cartón yeso, alisando con la mano para que quede en su sitio y comprobando que no se forman arrugas o burbujas. Corte la cinta usando unos alicates de corte lateral.

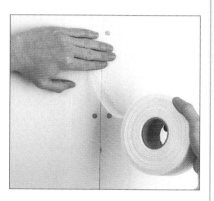

3 Utilice una espátula para apretar la masilla para juntas a lo largo de toda la unión en la que se ha aplicado la cinta y compruebe que el conjunto

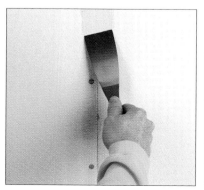

queda completamente liso. Realice otra comprobación para estar seguro de que toda la unión está correctamente hecha desde el techo al suelo, y aplique más masilla para juntas en algún punto si lo considera necesario.

4 Después de aplicar la masilla, elimine algún posible bulto o grumo con una esponja humedecida. Aclárela todas las veces que sea necesario, pero asegúrese de apretarla bien después para que pierda el agua. Se debe hacer así porque una humedad excesiva puede ablandar la unión y producir agrietamientos.

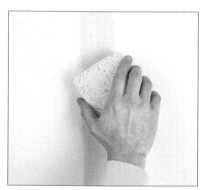

5 Utilice una cuchilla para cintas y recubrimientos a fin de aplicar una franja ancha de masilla para juntas a lo largo de toda la unión; habrá que

apretar la cuchilla sobre la zona en la que se ha aplicado la cinta de rejuntar. Emplee después la esponja para alisar los bordes de la masilla y que la unión quede completamente igualada.

6 Una vez finalizadas todas las uniones, utilice una espátula para añadir un poco más de masilla sobre las cabezas de los clavos o tornillos. Deje que la masilla sobresalga un poco sobre la superficie del cartón yeso.

7 Cuando la masilla se ha secado, lije las uniones y las cabezas de los clavos. (Se puede usar papel de lija enrollado en torno a un bloque para lijar, o bien una lijadora eléctrica.) Utilice una lija fina porque la gruesa puede producir surcos en la superficie.

📖 Consejo sobre el método tradicional

Para la técnica que he descrito aquí se emplea cinta de rejuntar autoadhesiva. Un método más tradicional sería emplear cinta de rejuntar que no fuese autoadhesiva, en cuyo caso la masilla se añade a la unión y sobre ésta se coloca la cinta. Una vez que la cinta esté colocada se continúa en la forma descrita anteriormente.

Los rincones precisan una técnica de aplicación diferente, a pesar de que las líneas básicas del trabajo de colocación de cinta y unión de las planchas son más o menos las mismas. Aunque la cinta autoadhesiva de rejuntar se puede emplear para las superficies planas, es más fácil utilizar cinta especialmente diseñada para las uniones en ángulo, tal como se muestra a continuación.

1 Use el cepillo para quitar los restos de material suelto que pudiera haber. Después aplique masilla para juntas en toda la longitud de la unión del rincón y a ambos lados. Asegúrese de que se consigue cubrir toda la unión de forma uniforme.

2 Aplique cinta para unir en ángulo a lo largo de toda la unión, apriete con firmeza sobre la masilla para juntas. Asegúrese de que no haya ondulaciones ni bultos en la superficie y de que la parte en ángulo queda recta sobre la línea interior del rincón. Corte la cinta sobrante con unos alicates de corte lateral (no se puede hacer bien con unas tijeras porque la cinta contiene tiras metálicas).

3 Retire los excesos de masilla del rincón con la espátula, lo que también ayudará a fijar los bordes de la cinta. Deje secar y después aplique una segunda capa de masilla para cubrir la cinta. Una vez que se haya secado se podrá lijar para conseguir un acabado liso.

Esquinas

A la cinta para unir en ángulo se le puede dar la vuelta, de manera que se puede utilizar de la forma indicada para una unión en esquina. Adicionalmente, se podrá usar una paleta para esquinas para un mejor acabado.

Consejos profesionales

• Para conseguir el mejor acabado posible, asegúrese siempre de mantener las herramientas limpias. Esto es particularmente importante en el caso de la espátula, que habrá que limpiar con una esponja húmeda tras unas pocas aplicaciones.
• La masilla que quede se puede emplear como un excelente material de relleno multiuso, pero hay que guardarla en un recipiente hermético.
• Siempre deberá dejar que la masilla se seque a temperatura ambiente; un exceso de calor podría producir agrietamientos.
• El papel de lija muy fino se queda obstruido en seguida cuando se utiliza para acabados de paredes. Para evitar esto, es mejor utilizar lijas de tipo medio previamente desgastadas en otros trabajos.
• Una vez que se haya lijado, hay que sellar toda la superficie de la pared con sellador especial antes de aplicar las capas de pintura u otro revestimiento decorativo.

Enlucido de una pared ⁊⁊⁊⁊

El enlucido es el método tradicional para proporcionar un buen acabado a una pared. Es un trabajo que requiere bastante habilidad, pero con tiempo y práctica es posible conseguir un buen acabado. El yeso se puede aplicar directamente sobre los paneles de cartón yeso o se puede usar para dar un acabado a paredes macizas, pero sólo tras un correcto revocado y cuando se han aplicado las capas de preparación.

Consejos profesionales

Una vez que se ha aplicado una capa de revoco, los profesionales deslizan una tabla recta y larga sobre la superficie revocada antes de pasar la llana para conseguir un acabado liso. Esto ayuda a conseguir una superficie plana antes de enlucir con yeso.

Paredes macizas

Herramientas para el trabajo

Equipo de mezclado de mortero

Brocha para solución de PVA

Llana

Paleta de mezclar

Cubo

Paleta portamezclas

Ya sea la pared de bloques, ladrillos o piedra, esta clase de superficies necesitará una capa base de revoco antes de aplicar el enlucido.

LA MEZCLA DEL MORTERO

El secreto del éxito a la hora de revocar es asegurarse de conseguir una buena mezcla y consistencia del mortero para realizar esta operación. La mezcla estándar se consigue con cincp partes de arena de construcción por cada parte de cemento, añadiendo además plastificante e impermeabilizante según las instrucciones del fabricante.
Añada agua suficiente para conseguir una mezcla espesa, pero suave, que permita extenderlo fácilmente por toda la superficie de la pared, sin que se produzcan deformaciones ni zonas combadas. A la hora de mezclar también tendrá que tener en cuenta las diferentes propiedades de absorción de los materiales de los que está hecha la pared, y las superficies irregulares pueden necesitar una doble capa, siendo la de abajo una mezcla más fuerte con cuatro partes de arena por cada una de cemento.

1 Antes de comenzar hay que aplicar a la pared una capa de solución de pva (adhesivo de polivinilo) de cinco partes de agua por cada parte de pva, y dejar secar. Utilice una llana para aplicar el revoco sobre la superficie de la pared, arrastrándola con movimientos amplios. Presione y alise al mismo tiempo para asegurar que se cubre completamente esa zona. Trate de no preocuparse por la mezcla que se escurre por los lados de la llana; este trabajo es siempre bastante sucio y estos sobrantes se producen casi siempre.

2 Alise la superficie con la llana para conseguir un acabado más igualado. Después haga surcos con el borde de la paleta de mezclar.

Aplicación del yeso

Una vez que se ha revocado la pared y ha transcurrido el tiempo necesario para que se seque, la técnica para la aplicación del yeso es similar a la que se emplea para ponerlo sobre cartón yeso. La única diferencia es que las paredes de cartón yeso necesitarán algunos trabajos preparatorios sobre las uniones de los paneles. Cuando se trata de una superficie revocada sólo hace falta humedecer con solución de pva antes de aplicar el yeso.

Herramientas para el trabajo

Taladro con accesorio mezclador

Llana

Cubo

Brocha

Rasqueta

1 Recubra las uniones de las planchas de cartón yeso con cinta autoadhesiva para uniones. Presione con fuerza para garantizar que no queden arrugas en la cinta.

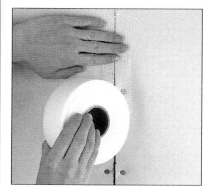

2 Mezcle yeso multiacabados añadiendo agua gradualmente hasta formar una pasta de consistencia cremosa. Si es posible, emplee un taladro con accesorio mezclador para remover la mezcla, lo que ayudará a obtener una pasta más uniforme. Al emplear el taladro sólo se debe apretar el interruptor cuando el accesorio mezclador está dentro del cubo con la mezcla; arrancar el aparato fuera puede ser muy peligroso.

3 Aplique el yeso sobre la superficie de la pared con la llana. Extienda el yeso de forma uniforme, apretando hacia abajo al tiempo que se desplaza la llana por toda la superficie de la pared.

4 Cuando toda la pared esté cubierta, iguale el yeso con la llana para conseguir un acabado liso. Deje secar el yeso hasta que esté mordiente y pula la superficie con la llana mojada. Con este proceso se elimina el yeso semiseco de los salientes y se rellenan los huecos, obteniéndose un acabado uniforme sobre toda la superficie.

Trabajando en zonas problemáticas

Toda superficie de pared suele tener algún tipo de obstáculo que dificulta el libre movimiento de la llana. Los enchufes e interruptores son buenos ejemplos de zonas problemáticas, aunque las técnicas que se describen aquí se aplican también a puertas y marcos de ventana.

1 En las zonas estrechas, como por ejemplo entre el borde de un interruptor y el marco de una puerta, extienda el yeso cuidadosamente con un pincel húmedo.

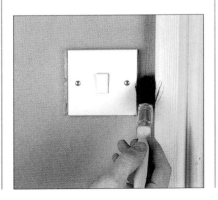

2 Utilice una rasqueta en los otros lados y en los ángulos del enchufe para conseguir un acabado liso.

Rincones

Normalmente los rincones dan problemas a la hora de enlucir, pero ocasionan pocos problemas si se sigue el procedimiento correcto. Los profesionales procuran no enlucir paredes en ángulo en el mismo día, o al menos, esperan a que una esté seca antes de empezar con la otra. De este modo la llana se puede emplear para moldear bien el rincón de unión, consiguiéndose un ángulo igualado y bien definido. Por otra parte, también se pueden usar paletas especiales para rincones a fin de conseguir buenos acabados en estas áreas.

LA ALTERNATIVA DE CAPA LIGANTE

Una alternativa al revoco es aplicar una capa de yeso ligante directamente sobre una pared de bloques. Este yeso es de tipo muy distinto al de acabados, ya que es más basto y con una consistencia más granulada. Se aplica usando la misma técnica que para revocar, aunque siempre se deberán seguir las indicaciones del fabricante para una correcta mezcla.

Colocación de frisos - 1 ⚋⚋

Los frisos se pueden colocar directamente sobre paredes sin enrasar o sobre paredes enlucidas o forradas en seco. El friso, que generalmente es de madera, se diseña para proporcionar un aspecto atractivo, aunque también sirve para proteger la pared de los daños producidos por sillas y otros muebles. Los frisos necesitan normalmente una estructura que se hace con listones de madera ligera.

Elaboración de la estructura

Herramientas para el trabajo

Palanqueta

Lápiz

Cinta métrica

Nivel

Serrucho

Taladro

Taladro/destornillador sin cable

Martillo

Cuando se cubren paredes enteras de techo a suelo se colocan los listones en las uniones de la pared con el techo y la de la pared con el suelo, y algunos más a alturas intermedias. Para frisos a media altura, el listón superior ira a la altura máxima prevista para el friso, y se suele poner un listón más equidistante del superior e inferior.

1 Separe con cuidado el rodapié de la pared –estos elementos se podrán volver a colocar después.

2 Utilice el lápiz y el nivel para trazar una serie de líneas horizontales sobre la superficie de la pared. Empiece a nivel del suelo y marque una línea cada 45 cm hasta alcanzar la altura total prevista.

3 Corte los listones a la medida y clávelos a la altura señalada por las líneas. Si la pared es de obra de albañilería se tendrá que utilizar un taladro para hacer los agujeros a través del listón y sobre la pared para poder fijarlo con tornillos.

4 Emplee un taladro sin cable para atornillar los tornillos de anclaje a hormigón en la pared. Si no está utilizando este tipo de tornillos, emplee tacos y tornillos como alternativa.

5 Sujete una tabla recta de madera sobre los listones ya colocados para comprobar si éstos están rectos y así evitar que el panelado quede abultado en algunas zonas. Cuando la pared tiene ondulaciones habrá que compensarlo encajando en los huecos cuñas de madera con el martillo. La primera cuña puede necesitar compensación con una segunda, para que la cara del listón quede plana y bien encarada contra la superficie de la pared. Una vez hecho esto, compruebe de nuevo que esa zona queda plana.

Colocación del friso machihembrado

Este tipo de friso es una buena fórmula para conseguir un panelado bien acabado. Se puede aplicar de suelo a techo, pero los mejores efectos se consiguen en frisos a media altura, como el de este ejemplo. El espesor de los elementos varía; para nuestros propósitos, las tablillas relativamente delgadas tienen la ventaja de no tener ninguna función estructural y sólo tienen que presentar un buen aspecto.

Herramientas para el trabajo

Cinta métrica

Serrucho

Martillo

Puntero

Nivel

1 Corte las tablas machihembradas de la longitud necesaria para que coincidan con la medida entre el suelo y el listón superior. Deslice la ranura de cada tabla nueva sobre el saliente de la anterior, para conseguir una unión firme.

2 Fije las tablas en su posición clavando puntas en la parte intermedia entre el saliente y el cuerpo principal de la tabla. Las puntas deberán unir la tabla a los listones de la pared.

3 Clave las puntas a fondo usando un puntero. Continúe de esta misma forma, de manera que, a medida que se vayan añadiendo tablas machihembradas adicionales, las puntas que fijan la anterior vayan

quedando ocultas. Por este procedimiento se consigue que no haya puntos de fijación visibles.

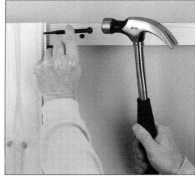

4 Corte la moldura superior, colóquela cubriendo la parte de arriba del friso y clávela. Puede que haga falta un tramo de listón a lo largo de la parte superior del conjunto de tablas, para conseguir un mejor acabado. Vuelva a colocar el rodapié que se retiró al principio, o uno nuevo si fuese necesario (ver página 96).

Consejos profesionales

Muchas paredes contienen obstáculos como enchufes o interruptores. En estos casos será necesario cortar pequeñas ventanas en las tablas que componen el friso para garantizar la accesibilidad a estos puntos y la correcta recolocación de los elementos eléctricos. Mida cuidadosamente la posición de estos accesorios y haga los cortes necesarios en las tablas machihembradas antes de colocarlas.

Ya sea pintado o barnizado, un friso machihembrado proporciona un acabado sugestivo y resistente, resaltando la superficie de la pared y añadiendo atractivo al aspecto total de la habitación.

Colocación de frisos - 2 ⁊⁊⁊

Los revestimientos de madera del tipo de los frisos pueden cubrir paredes enteras, aunque es más frecuente emplearlos para cubrir las paredes de una habitación hasta media altura. De este modo se divide el espacio de la pared en dos zonas separadas de diferente aspecto y textura. Existen muchas opciones y variedades de acabado que pueden emplearse para producir este efecto, si bien los diseños tradicionales son los favoritos del público.

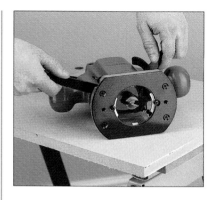

Panelado de cuarterones

Usted puede conseguir un efecto de friso de cuarterones utilizando planchas de md (tablero de densidad media). Las planchas de 12 mm de espesor son las más apropiadas porque proporcionan una buen estructura rígida y tienen un buen grosor. La cantidad de tableros necesaria dependerá de las dimensiones de la habitación. Sin embargo, cuando se calculan cantidades hay que añadir siempre entre un 10 y un 15 por 100 más para compensar lo que se desperdicia. El friso a media altura que se construye en este ejemplo se ha hecho de una altura de un metro sobre el suelo. Esta altura es muy frecuente, pero cada uno puede escoger la que mejor le convenga.

Herramientas para el trabajo

Cinta métrica y lápiz

Serrucho

Fresadora

Mascarilla de seguridad

Taladro/destornillador sin cable

Taladro normal (opcional)

Nivel

Cola para madera

Martillo

1 Calcule el tamaño apropiado de los cuadrados midiendo la anchura y la altura del área que se va a cubrir. Para un panelado a una altura aproximada de un metro, los cuadrados deberán ser de 30-35 cm de lado. Utilice una cinta métrica y un lápiz para marcar las larguras requeridas sobre los bordes del tablero de md.

2 Utilice un listón de esa longitud para trasladar la medida a los otros lados del tablero, haciendo una cuadrícula de paneles de las mismas dimensiones. Corte por las líneas marcadas, y de este modo se dividirá el tablero de md en unos cuantos cuadrados de las mismas medidas.

3 Sujete a la fresadora un accesorio para cortar bordes. La forma de hacerlo puede variar entre unos modelos y otros, por lo que tendrá que

✋
Consejo de seguridad

Siempre que se sierre o se emplee la fresadora con tablero de md, es muy importante ponerse una mascarilla de protección contra el polvo.

leer cuidadosamente las instrucciones del fabricante y seguir todas las indicaciones de seguridad.

4 Sujete uno de los cuadrados al banco de trabajo y deslice la fresadora a lo largo de uno de los lados de un panel; conseguirá un cuadrado con los bordes moldeados, y repita la operación con los otros cuadrados. Trabaje siempre en dirección contraria al cuerpo y sujete bien la fresadora para garantizar un buen control de movimientos.

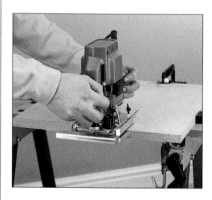

5 Fije a la pared la estructura de listones, siguiendo las instrucciones dadas en la página 88. Mida y corte las planchas de md para que se ajusten a las medidas de esta estructura, lo que proporcionará una

base para los cuadrados. Estas planchas se fijarán usando clavos redondos o tornillos de cabeza escondida.

6 Mida y marque la posición de los paneles sobre las planchas de md. Para un panelado a media altura de aproximadamente un metro se necesitarán dos hileras de paneles separados 7,5 cm entre sí.

OPCIONES A GRAN ESCALA

Las opciones y variantes de panelado han aumentado mucho recientemente debido a las numerosas innovaciones de los fabricantes. La oferta incluye elementos de acabado laminado y otros de aspecto más tradicional, como los que se muestran aquí.

- **Machihembrado de md**: Actualmente, es posible comprar planchas completas de md precortado para obtener un acabado machihembrado. Esto permite panelar rápidamente grandes extensiones, con un gran ahorro de tiempo.

- **Paneles prefabricados:** Se pueden comprar planchas con un efecto de cuarterones, y fijarlas a una estructura de listones. Sin embargo, esta fórmula puede ser muy costosa y se desperdicia mucha cantidad de material cuando las superficies son complicadas, lo que lo hace todavía más caro.

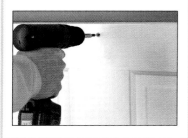

7 Aplique cola para madera o adhesivo de pva a la parte posterior de un panel. Sea cuidado con el producto para evitar que desborde por los lados. Coloque con cuidado el panel sobre la base de md y alinéelo con las marcas a lápiz.

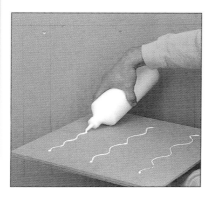

8 Clave tres o cuatro clavos sobre el cuadrado para mayor firmeza. Repita el proceso con los otros cuadrados que cubrirán la base de md. Por último coloque la moldura superior y ponga también el rodapié antes de pintar todo el friso del color elegido.

Una vez colocados y pintados, los paneles en cuarterones producen un efecto decorativo extremadamente efectivo. Los colores pálidos proporcionan un efecto matizado entre superficies que aportan la profundidad y textura producida por este acabado.

Molduras en el techo

Las molduras del techo constituyen una unión decorativa entre el techo y la pared. Las de tipo más tradicional están hechas de yeso fibroso, pero las más modernas y sencillas están hechas de escayola o de polietireno. Aunque este último es más barato, ligero y fácil de colocar, se consigue un acabado más atractivo con las molduras de escayola.

Consejos profesionales

Cuando tenga que manejar las molduras, recuerde que son de escayola y que por tanto se pueden romper con mucha facilidad. Trate de no golpearlas o doblarlas cuando trabaje con ellas, porque si no tendrá que repararlas. Para conseguir un buen acabado, es también importante asegurarse de tomar correctamente las medidas, y de que los cortes en inglete se han hecho con la mayor exactitud. Todo esto servirá para reducir el tiempo dedicado a rellenar huecos si esto ocurriese.

Colocación de molduras de techo

Herramientas para el trabajo

Lápiz

Cinta métrica

Nivel

Serrucho

Bloque para cortar en inglete

Espátula para masilla o rasqueta

Martillo

Puntero

Esponja

Papel de lija

1 Con el nivel, haga una línea a lápiz alrededor de la habitación. La distancia de esta línea al techo debe ser igual a la anchura de la moldura que se va a colocar. Sin embargo, esta línea sólo va a servir como guía para la posición, porque las ondulaciones del techo pueden desplazar ligeramente el borde de la moldura. Si se considera necesario, se puede hacer otra línea similar sobre el techo.

2 Mida las distancias entre paredes a la altura del techo para saber la longitud necesaria de los tramos. Utilice el bloque para cortar en inglete y un serrucho para llevar a cabo los cortes con precisión. En la siguiente foto se muestra el corte para un rincón. Recuerde que deberá hacerlo con el ángulo contrario del bloque para ingletes cuando se trate de esquinas.

3 Aplique con cuidado adhesivo para molduras sobre los lados posteriores de la misma a lo largo de toda su longitud. Utilice una rasqueta o una llana para extender el adhesivo. No ponga adhesivo sobre la parte frontal porque ésta no va a estar en contacto con la superficie de la pared ni con la del techo.

4 Coloque el tramo de moldura en su posición según indica la línea a lápiz y presione. Deje que el exceso de adhesivo desborde sobre la pared y el techo para asegurar una mejor fijación de toda la longitud de la moldura.

5 Mientras se seca el adhesivo, se clavan unos clavos. Éstos deberán ir bajo el borde inferior de la moldura y se retirarán una vez que el adhesivo se haya secado. Sin embargo, también se puede clavar la moldura a la pared de forma permanente.

6 Limpie el exceso de adhesivo con una esponja húmeda antes de que se seque, y al mismo tiempo rellene con más adhesivo cualquier posible hueco que haya en la unión del techo con la pared. Después remache las cabezas de los clavos de sujeción, de forma que queden ligeramente por debajo de la superficie de la moldura; sin embargo, no los clave demasiado porque ésta se podría agrietar.

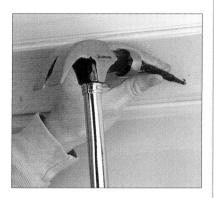

7 Rellene los huecos de las cabezas de los clavos con adhesivo y compruebe, una vez seco, si hace falta una segunda aplicación para que el acabado sea correcto.

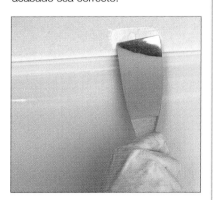

8 Siga colocando los demás tramos de moldura alrededor de la habitación. Antes de aplicar adhesivo sobre cada una de ellas, compruebe que los cortes en inglete ajustan bien entre sí, colocando el extremo del tramo nuevo junto al del anterior, y si fuese necesario corte para hacer pequeños ajustes. Una vez que se ha completado todo el contorno de la habitación y que el adhesivo se ha secado, use una lija fina para pulir los puntos de adhesivo que recubren las cabezas de los clavos.

👍

Consejos profesionales

En lugar de emplear adhesivo para molduras, se puede usar un recubrimiento texturado para techos. Esto es especialmente útil si se van a combinar las molduras con un techo con una capa de revestimiento texturado; de este modo no habrá necesidad de comprar un producto separado para pegar.

Cortes en ángulo

Se pueden comprar tramos ya cortados para formar rincones y esquinas, tanto en polietireno como en escayola, y así se elimina la necesidad de cortes en inglete. Sin embargo, y a pesar de la comodidad que esto supone, todavía hará falta unir los cortes rectos de estos tramos con la moldura principal. Por tanto hay que recubrir y lijar estas uniones para hacerlas todo lo invisibles, a simple vista, que sea posible. En suma: a no ser que los ángulos sean completamente rectos, se consigue un mejor acabado por el método tradicional de cortes con el serrucho y el bloque para ingletes. Ajuste bien los ángulos a la hora de cortar y compruebe las mediciones para que el número de huecos y zonas a rellenar que se presenten después sea el más bajo posible.

Las molduras del techo suponen un elemento decorativo en cualquier habitación, y ayudan a ocultar las irregularidades de la unión entre pared y techo. El color más usual es el blanco, pero pintando de cualquier otro color también se puede conseguir un acabado atractivo.

Otras molduras decorativas ⟋⟋⟋

Además de las molduras hay otros elementos decorativos en escayola que se pueden emplear como recursos estéticos tanto en techos como en paredes. Estos elementos se pueden encontrar en el mercado tanto en plástico como en poliéster, pero los acabados más atractivos se consiguen con materiales del tipo de la escayola. Sin embargo, tenga en cuenta que este material es más pesado y necesitará una sujeción más firme.

Recuadros decorativos

Este tipo de molduras de escayola se puede aplicar en techos y también en paredes, aunque su colocación en techos requiere una buena planificación para asegurar que el dibujo se pone en la posición más acertada. La colocación de estos recuadros sobre una pared también precisa bastante precisión en las mediciones, pero la fijación es mucho más fácil.

Herramientas para el trabajo

Cinta métrica

Nivel

Esponja

Martillo

Espátula para masilla

1 Dibuje una línea sobre la pared indicando la posición del recuadro. Aplique adhesivo al primer tramo del recuadro y póngalo en su sitio sobre la línea con la mayor precisión. Retire cualquier exceso de adhesivo con una esponja, antes de que se seque.

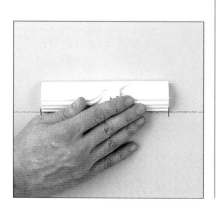

2 Sujete unos clavos en la parte de abajo del tramo de moldura para que sirva de sujeción mientras se seca el adhesivo. Las molduras de nuestro ejemplo son bastante estrechas, por lo que no es aconsejable clavar sujeciones permanentes sobre cada tramo, ya que se podrían estropear o cuartear. Por tanto, las sujeciones temporales son más apropiadas.

3 Coloque sobre la línea a lápiz las dos piezas de los ángulos inferiores del recuadro, pegando las uniones de la forma habitual. Como en el caso anterior, sujete temporalmente esas piezas mediante clavos, hasta que el adhesivo se seque.

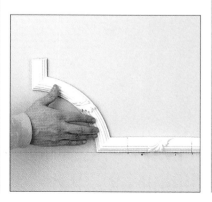

4 Coloque de forma similar los lados verticales del recuadro con la ayuda del nivel. Después ponga los dos ángulos superiores y el tramo superior final, sujetando con clavos si es necesario. Una vez que se haya secado el adhesivo, retire los clavos, rellene los agujeros y lije la superficie para dejarla lista para pintar. Coloque los demás recuadros si así está previsto.

Confección de una hornacina

Éste es un tipo de elemento decorativo de mucho efecto, y puede ir sobrepuesto a la pared o empotrado. Resulta un proceso relativamente fácil poner una hornacina sobre paredes que no son de carga o de entramado, pero se necesitará asesoramiento profesional si se hace sobre una pared maestra o una de bloques macizos.

Herramientas para el trabajo

Detector de viguetas

Sierra para cartón yeso

Serrucho

Taladro/destornillador sin cable

Esponja húmeda

Papel de lija (para rosetones de techo)

1 Use el detector de viguetas para localizar una zona apropiada para poner la hornacina. Pegue a la pared la plantilla que proporciona el fabricante y con su ayuda trace una línea a lápiz. Después recorte de la pared el perfil de la hornacina con una sierra para cartón yeso. Siga con cuidado la línea marcada a lápiz para que el corte sea lo más exacto y limpio que se pueda.

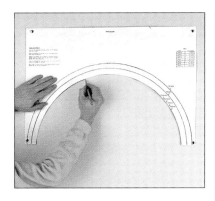

Retire esa parte de pared de cartón yeso y corte algún trozo de montante que pueda coincidir con el hueco de la hornacina. En el extremo

inferior de la abertura, coloque un travesaño de refuerzo para proporcionar una base de apoyo sólida. Sujete el travesaño de refuerzo a los montantes laterales insertando unos tornillos.

Ponga adhesivo sobre todo el contorno de la hornacina y después póngala en su sitio, de forma que su base se apoye sobre el

travesaño de refuerzo. Deje que el exceso de adhesivo desborde y retírelo con una esponja húmeda.

Por último, ponga adhesivo sobre el remate inferior de la hornacina y péguelo a la parte inferior del cuerpo principal de la hornacina. Es posible que haya que sujetar la hornacina y el remate mientras se seca el adhesivo.

ROSETONES

Los rosetones que se colocan en el centro del techo pueden ir solos o en combinación con otros elementos para formar un único diseño. El rosetón debe llevar algún tipo de sujeción mecánica; no será suficiente con una fijación con adhesivo.

Una vez que se ha localizado la posición de las viguetas, ponga adhesivo sobre la base del rosetón y después colóquelo en el punto en el que va. Perfore unos agujeros a través del rosetón y ponga unos tornillos que lo fijen a las viguetas. Ponga especial cuidado en no apretar demasiado porque con ello se podría cuartear la escayola. Cuando el rosetón ya esté fijo y el adhesivo ya se haya secado, rellene los agujeros de las cabezas de los tornillos y lije después de que se haya secado.

Una vez que la pared esté seca y haya sido pintada, la hornacina nos aportará un magnífico rasgo decorativo. Se puede mejorar más este efecto sobre el conjunto de la habitación usando luces empotradas, y así se consigue una zona ideal para mostrar adornos o flores.

Colocación de un rodapié 🔨🔨🔨

Los rodapiés son la forma más eficaz de conseguir un buen efecto sobre la línea de unión de la pared con el suelo. Ayuda además a proteger la parte baja de la pared de golpes y arañazos, pero también es elemento decorativo. Esto significa que, al igual que ocurre con las molduras, hay una gran cantidad de modelos y perfiles disponibles, por lo que se puede escoger uno que armonice con el diseño de los marcos de las puertas, el remate de un friso u otras molduras. Una vez que se haya escogido el diseño más apropiado conviene dedicar el tiempo necesario a su correcta colocación.

CORTES EN ÁNGULO

Si un tramo de rodapié se va a unir a otro tramo vertical, como por ejemplo la jamba de una puerta, bastará para ello con cortar en ángulo recto empleando una sierra por el punto preciso para conseguir un tramo de la longitud necesaria. Sin embargo, cuando las piezas se unen en un rincón es necesario hacer un corte más complicado.

• **Cortes en inglete:** Tanto el serrucho como la sofisticada sierra de ingletes se pueden emplear para obtener cortes a 45° en los tramos de rodapié. La sierra de ingletes fija la pieza para conseguir un corte en ángulo más preciso. La dirección del corte es también importante, y dependerá de si se hace para una unión en rincón o en esquina.

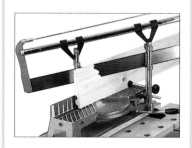

👍
Consejos profesionales

En la actualidad, muchos fabricantes producen modelos de rodapié con diferente diseño por cada lado. Esto ayuda a ahorrar madera, pero hace más laboriosa la tarea de medir y cortar. Por este motivo, haga todas las comprobaciones necesarias a la hora de cortar y pegar, para asegurarse de que se está usando el lado correcto.

Corte de los tramos

Este método es el más apropiado para cortar modelos sencillos de rodapié que coincidan en una unión de rincón. Para un rincón en ángulo recto, mida y corte el primer tramo de rodapié para que llegue hasta la pared opuesta. El segundo tramo habrá que cortarlo de forma que encaje con el perfil que crea el primero en el rincón.

Herramientas para el trabajo

Cinta métrica

Lápiz

Serrucho

Sierra de calar

Cepillo de carpintero

Martillo

Taladro/destornillador sin cable

Sierra para ingletes

1 Mida la longitud necesaria del tramo. Después tome un recorte de rodapié y colóquelo sobre el extremo de ese tramo, de manera que se pueda dibujar sobre éste una línea que señale el dibujo del perfil.

2 Corte el rodapié por la línea marcada. La sierra de metales es el mejor instrumento para hacer esto, ya que permite seguir la curva de la línea guía consiguiendo un buen corte.

Suelos mal nivelados

En muchos casos, un suelo ondulado puede convertir la colocación del rodapié en una tarea muy complicada. Esto es porque la parte inferior del rodapié esta mecanizada en ángulo recto y tanto las zonas hundidas como los bultos del suelo producirán huecos o elevarán la tabla del rodapié. Ello dará lugar a que ese tramo esté descolocado cuando tenga que unirse con el siguiente en un rincón. En estas circunstancias, será necesario desbastar el borde inferior del tramo de rodapié para que ajuste perfectamente con las irregularidades del suelo.

1 Corte la tabla de rodapié a la longitud apropiada y colóquela temporalmente sobre la parte baja de la pared. Tome un recorte de madera de un grosor igual al mayor de los huecos que se produzca entre el rodapié y el suelo. Sujete un lápiz a la parte superior

del recorte. Comience por uno de los extremos del tramo y deslice el recorte con el lápiz a lo largo de todo el trozo, dibujando una línea sobre su superficie. Esta línea señala por dónde habrá que cortar para que cuando coloquemos el tramo sobre el suelo su forma se ajuste a las desigualdades del suelo sin dejar ningún hueco.

2 Retire el tramo de rodapié y sujételo a un banco de carpintero. Si hay que eliminar mucha cantidad de madera, corte por la línea a lápiz con una sierra de calar. Si es poco lo que hay que quitar, elimínelo con un cepillo de carpintero.

Manera de fijar el rodapié

Una vez cortados los trozos de rodapié de manera que encajen y ajusten bien, habrá que sujetarlos correctamente a la pared. El tipo de sujeción que se emplee dependerá del tipo de pared. Si se trata de una pared de entramado, es mejor fijarlo a los montantes y al tablón de base. Si la pared es de obra de albañilería, se pueden poner las fijaciones en cualquier punto, siempre que queden firmes.

Sujeción con clavos

Los clavos ovalados son los más aconsejables para fijar el rodapié a una pared de entramado, ya que sus cabezas se pueden ocultar fácilmente para que el acabado sea más uniforme, y además no suelen astillar la madera. Si hay que fijar el rodapié a una pared de bloques o de ladrillos, lo mejor es fijar clavos de albañilería con un martillo. La separación de los clavos entre sí dependerá de la firmeza de fijación de cada uno de ellos.

Sujeción con tornillos

Los tornillos son más aconsejables para fijar el rodapié a paredes de obra de albañilería. Ello se debe a que los clavos pueden curvar el rodapié y separarlo de la pared al clavar el siguiente. Se puede obtener una buena fijación con un clavo, pero la vibración producida al clavar el siguiente puede debilitar la firmeza de agarre del primero, hasta el punto de expulsarlo fuera de la pared. Por tanto es mejor que emplee tornillos, para lo que tendrá primero que taladrar agujeros y, después, o bien fijar el rodapié con anclajes para hormigón o bien con tacos y tornillos a poca distancia unos de otros.

Uniones difíciles

Además de las uniones de los tramos de rodapié en rincones normales, hay otros puntos de la pared que requerirán un punto de vista diferente para fijar este elemento a fin de que se pueda estar seguro de que la firmeza de sujeción es correcta.

Esquinas

Haga los cortes en inglete apropiados para una unión en esquina. Una vez que se haya clavado el primer tramo en su sitio, una los dos extremos que forman la esquina con puntas que se clavan por la cara exterior de una de las piezas de rodapié y que la atraviesan llegando a la segunda.

Uniones en recto

Es más recomendable hacer cortes en inglete para este tipo de uniones que hacer cortes rectos, porque estos últimos se cuartean poco después de pintar, dejando una unión muy visible. En su lugar, se hace la unión recta con un corte en ángulo y se aplica algo de cola antes de hacer la unión clavando dos puntas en el corte en inglete.

Colocación de molduras decorativas ⚒⚒

Las molduras decorativas que recorren toda la habitación son un ejemplo más de cómo añadir carácter a un cuarto. La forma de la moldura suele venir determinada por su función: una moldura para colgar cuadros suele tener la parte de arriba sin curvar para proporcionar una buena base de fijación de los ganchos, mientras que las molduras a media altura sirven para impedir que las sillas estropeen la superficie de la pared, y por ello tienen un perfil curvo. Las molduras a media altura se colocan generalmente a un metro de distancia del suelo, y las de colgar cuadros, a una distancia del techo entre 20 y 50 cm.

Colocación de una moldura a media altura

Las molduras de este tipo son las que se colocan en la mayoría de los casos, ya que las casas modernas no cuentan con la suficiente altura de techos para poner molduras de colgar cuadros. Las de media altura se pueden poner tanto en habitaciones de techo bajo como en las de alto, y producen siempre muy buen efecto.

Herramientas para el trabajo

Cinta métrica

Lápiz

Nivel

Sierra de ingletes

Martillo o taladro sin cable

Puntero

Pistola de sellador

Esponja

1 Dibuje una línea horizontal a lo largo de toda la habitación usando un lápiz y un nivel. Mida las paredes y calcule la longitud de los tramos de moldura para cada pared. Asegúrese de colocar bien el comienzo de la cinta métrica, de forma que llegue hasta el fondo del rincón.

2 Sujete la moldura a la sierra de ingletes (para garantizar un corte perfecto) y corte los tramos de la longitud precisa.

3 Aplique adhesivo a la parte posterior de la moldura. Ponga el adhesivo sobre la parte central de la moldura para que, cuando se apriete sobre la pared, el adhesivo se desplace hacia ambos bordes.

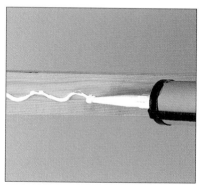

4 Coloque la moldura en su sitio, alineando su borde inferior con la línea a lápiz, y presiónela contra la pared. Siga apretando al tiempo que se coloca sobre la línea por toda la longitud de la pieza, para que se consiga un contacto completo entre la moldura y la pared. Retire los excesos de adhesivo con una esponja húmeda.

5 Fije toda la longitud de la moldura con clavos o tornillos para que quede fuertemente sujeta, y después repase las cabezas de los clavos con un puntero para dejarlas un poco por debajo de la superficie. Continúe colocando los demás tramos de forma similar hasta completar la habitación.

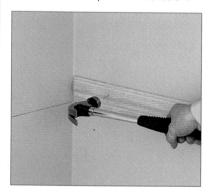

👍 Consejos profesionales

Si este tipo de moldura va a ir sin pintar y con un acabado natural, evite utilizar clavos de fijación permanente que resulten demasiado visibles. En su lugar utilice un adhesivo fuerte de contacto que mantendrá la moldura en su sitio permanentemente. Habrá, sin embargo, que aportar algún tipo de sujeción mientras se seca el adhesivo, por ejemplo pegando la moldura con cinta para que se sostenga durante ese tiempo.

Aplique un cordón de masilla de rellenar a lo largo del borde superior de la moldura, alisándolo hacia la unión con un dedo húmedo. Esto ayudará a tapar pequeñas grietas y a conseguir un acabado más uniforme a la hora de decorar.

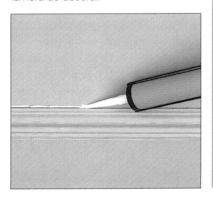

Aplique también masilla de rellenar en las uniones de los rincones. También habrá que cubrir las cabezas de los clavos con masilla de relleno multiuso y después lijar cuidadosamente para obtener un acabado liso antes de pintar.

Consejos profesionales

Cuando las paredes van pintadas en un tono más bien oscuro, no suele hacer falta poner masilla a lo largo de la unión de la moldura. Esto es así porque los colores oscuros enmascaran mejor las pequeñas grietas que pueda haber en la unión.

DECORACIONES

- **Empapelado:** Si la moldura separa dos tipos diferentes de papel pintado, o va a haber un contraste especialmente fuerte entre la moldura y la pared, es mejor pintar o barnizar la moldura antes de ponerla en su sitio.
Coloque el papel pintado en la pared antes de poner la moldura. Incluso cuando ésta vaya a separar dos tipos diferentes de papel, esto nos permitirá hacer las uniones de los dos papeles de forma poco fina, porque la moldura tapará después esa línea.
- **Barnizado:** Para un acabado en madera natural, como por ejemplo un barniz mate, aplique dos capas a la moldura antes de cortarla y colocarla para no tener que llevar a cabo después un proceso particularmente delicado y que puede manchar la pared. El barnizado previo supondrá que no habrá que acercarse mucho a los bordes con el pincel cuando se aplique la capa final de barniz. Esta modalidad no se aplica sólo a los acabados en madera natural, sino que también se puede emplear cuando se pinta de forma convencional.
- **Pintura:** Si tiene pensado pintar la moldura en un color fuerte, proteja los bordes de la pared con cinta de carrocero.
Recuerde que, colocando las molduras después de pintar la pared, la reparación de grietas o pequeños daños será más complicada, por lo que se deberá poner especial cuidado a la hora de presentar y colocar la moldura.

Las molduras decorativas alrededor de toda la habitación suponen un atractivo elemento que divide el espacio de la pared al mismo tiempo que añade carácter a su diseño y decoración.

6 Aplique un cordón de masilla de rellenar a lo largo del borde superior de la moldura, alisándolo hacia la unión con un dedo húmedo. Esto ayudará a tapar pequeñas grietas y a conseguir un acabado más uniforme a la hora de decorar.

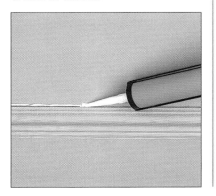

7 Aplique también masilla de rellenar en las uniones de los rincones. También habrá que cubrir las cabezas de los clavos con masilla de relleno multiuso y después lijar cuidadosamente para obtener un acabado liso antes de pintar.

Consejos profesionales

Cuando las paredes van pintadas en un tono más bien oscuro, no suele hacer falta poner masilla a lo largo de la unión de la moldura. Esto es así porque los colores oscuros enmascaran mejor las pequeñas grietas que pueda haber en la unión.

DECORACIONES

• **Empapelado:** Si la moldura separa dos tipos diferentes de papel pintado, o va a haber un contraste especialmente fuerte entre la moldura y la pared, es mejor pintar o barnizar la moldura antes de ponerla en su sitio.
Coloque el papel pintado en la pared antes de poner la moldura. Incluso cuando ésta vaya a separar dos tipos diferentes de papel, esto nos permitirá hacer las uniones de los dos papeles de forma poco fina, porque la moldura tapará después esa línea.

• **Barnizado:** Para un acabado en madera natural, como por ejemplo un barniz mate, aplique dos capas a la moldura antes de cortarla y colocarla para no tener que llevar a cabo después un proceso particularmente delicado y que puede manchar la pared. El barnizado previo supondrá que no habrá que acercarse mucho a los bordes con el pincel cuando se aplique la capa final de barniz. Esta modalidad no se aplica sólo a los acabados en madera natural, sino que también se puede emplear cuando se pinta de forma convencional.

• **Pintura:** Si tiene pensado pintar la moldura en un color fuerte, proteja los bordes de la pared con cinta de carrocero.
Recuerde que, colocando las molduras después de pintar la pared, la reparación de grietas o pequeños daños será más complicada, por lo que se deberá poner especial cuidado a la hora de presentar y colocar la moldura.

Las molduras decorativas alrededor de toda la habitación suponen un atractivo elemento que divide el espacio de la pared al mismo tiempo que añade carácter a su diseño y decoración.

Revestimientos decorativos a media altura ⚞

Existen algunos revestimientos decorativos patentados que ofrecen una alternativa sencilla a los recubrimientos de madera, como por ejemplo los machihembrados. El procedimiento de colocación de estos modernos revestimientos se parece más al de colocación del papel pintado que a la instalación de los frisos tradicionales de madera, aunque estos revestimientos se suministran en tamaños específicos y se diseñan normalmente para cubrir la parte de abajo de la habitación hasta media altura.

Planificación

El tamaño prefijado y el diseño de este tipo de revestimientos implican que se deberá planificar cuidadosamente su disposición a la hora de colocarla. Uno de los objetivos deberá ser que las uniones se realicen en puntos discretos, por lo que tendrá que intentar unir los paneles enteros en rincones visibles, y los paneles partidos o incompletos en puntos menos perceptibles.

Herramientas para el trabajo

Nivel
Lápiz
Cinta métrica
Brocha y mesa de empapelar
Esponja
Cepillo de empapelar
Cúter
Martillo

1 Decida cuál es el mejor punto para comenzar y trace en él una línea vertical sobre la pared usando el lápiz y el nivel.

2 Hay que humedecer con agua la parte de atrás de cada elemento y después se debe dejar veinte minutos en espera antes de aplicar la cola de empapelar. Se establecerá una rutina sistemática para que mientras un elemento esté en fase de espera se pueda ir colocando otro sobre la pared. Se recomienda marcar anotar la hora de comienzo sobre la parte de atrás de cada elemento, para saber con exactitud cuándo estará listo.

3 Emplee cola de empapelar patentada sobre la parte de atrás de los elementos, para garantizar que toda la superficie quede con una capa uniforme. Desplace la brocha desde el centro hacia los lados del elemento, e intente evitar que la cola desborde sobre la mesa. Cualquier salpicadura habrá que limpiarla con una esponja húmeda.

4 Coloque el primer elemento sobre la pared guiándose con la línea a lápiz para su colocación. Utilice el cepillo de empapelar para eliminar burbujas mientras se desplaza el cepillo por toda la superficie del elemento. La parte inferior del paño deberá coincidir con el borde superior del rodapié.

5 Una los elementos siguientes empleando el mismo método, colocando los bordes de manera que coincidan con exactitud. Tenga mucho cuidado de que no se produzcan superposiciones, porque resultarán muy visibles cuando se termine el trabajo; un pequeño hueco será preferible.

👍 Consejos profesionales

Una vez colocados los elementos, hay que tratarlos con una capa de imprimación al aceite antes de aplicar otras capas de acabados decorativos.

Revestimiento decorativo

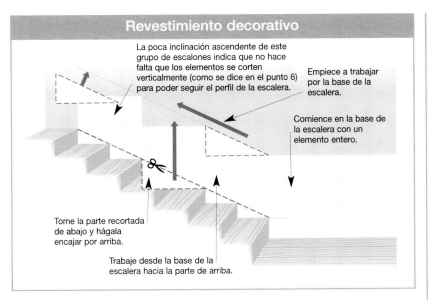

La poca inclinación ascendente de este grupo de escalones indica que no hace falta que los elementos se corten verticalmente (como se dice en el punto 6) para poder seguir el perfil de la escalera.

Empiece a trabajar por la base de la escalera.

Comience en la base de la escalera con un elemento entero.

Tome la parte recortada de abajo y hágala encajar por arriba.

Trabaje desde la base de la escalera hacia la parte de arriba.

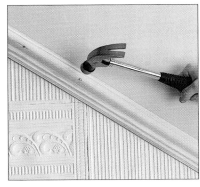

9 Por último ponga masilla de relleno flexible en las uniones verticales de los elementos para que el acabado sea más liso y no se levanten los bordes con el paso del tiempo. Retire el exceso de masilla.

6 En el hueco de una escalera, corte los elementos verticales por la mitad y colóquelos en la zona de escalones. Use el cepillo de empapelar para ajustar lo más posible la parte de abajo de cada elemento respecto a la forma del rodapié en ese punto. Corte la parte sobrante con un cúter.

elemento. El ángulo ascendente del revestimiento deberá ser el mismo que el de la escalera. (La figura superior ilustra cómo se deben cortar y colocar los elementos para conseguirlo.)

8 Para acabar la parte superior del revestimiento ponga una moldura (ver página 89). Esta moldura se deberá superponer ligeramente sobre el revestimiento, para conseguir un acabado perfecto.

7 Haga coincidir la parte sobrante que se ha cortado de abajo por la parte de arriba de ese mismo

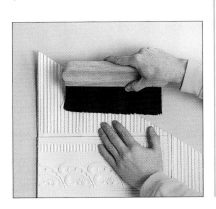

Los revestimientos decorativos de pared dan un aspecto sugestivo a cualquier habitación, y consiguen una apariencia particularmente atractiva cuando se emplean en una escalera y enlazando con un friso a media altura del mismo diseño.

acabados decorativos

Por bien que se hayan hecho las tareas de construcción, los aspectos decorativos de cualquier trabajo de renovación constituyen el factor decisivo para determinar el éxito del aspecto del producto terminado. Por ello, la atención a los detalles en esta fase convertirá un acabado ordinario en otro sobresaliente. En este capítulo se muestran opciones e instrucciones sobre muchos procesos decorativos, al tiempo que se proporciona una información fundamental sobre cómo lograr unos buenos acabados mediante la preparación y la planificación. Tómese el tiempo necesario para seleccionar los esquemas de decoración, y utilice este capítulo como una guía para la selección de los materiales y técnicas más adecuados.

Una meditación y una planificación cuidadosas sobre los colores y diseños ayudarán a obtener el mayor provecho de su duro trabajo.

Selección de acabados

La decoración es, en gran medida, un asunto de preferencia personal. En general, la mayor parte de la gente suele tener opiniones particulares sobre muchos tipos de acabado; por ejemplo, mucha gente tiene papel pintado en todas las habitaciones, en tanto que otras personas no soportan la presencia del papel pintado en lugar alguno. Algunos utilizan colores fuertes en el esquema de cada habitación; por el contrario, otros prefieren tonos más desvaídos y neutros. No hay una posición que deba considerarse correcta o incorrecta, y puede resultar conveniente probar una variedad de opciones.

Aspectos de diseño

A la hora de considerar una opción decorativa, el diseño o la existencia de elementos de época pueden influir en el tipo de decoración empleada. Tanto las casas tradicionales como los apartamentos ultramodernos se asemejan en este aspecto, ya que ambos presentan algunas limitaciones sobre el tipo de materiales que pueden usarse, si se pretende mantener el diseño o el estilo previo de la casa. Por consiguiente, el proceso de toma de decisión final debe tener en cuenta cierta meditación y búsqueda para apreciar la autenticidad.

El unir dos habitaciones para formar una o el ensanchar un hueco de paso entre dos habitaciones son modos de conseguir una disposición con un ambiente más amplio. Aun cuando puede obtenerse una atmósfera más ligera y espaciosa, debe considerarse la viabilidad de la eliminación total o parcial de una pared, especialmente si se trata de un muro de carga. Sin embargo, este tipo de renovaciones puede cambiar enormemente el aspecto de su casa y transformar totalmente una atmósfera opresiva y oscura en un diseño mucho más sugerente.

DERECHA: *Los elementos de diseño de época, tales como las chimeneas, contribuyen a crear un interés adicional en el esquema decorativo.*

Papel pintado

La moderna revolución del bricolaje ha incrementado las opciones disponibles para las personas que deseen usar papel pintado en sus paredes. Los fabricantes producen actualmente papeles de pared en una gama mucho más amplia de diseños, colores y texturas que en tiempos pasados. El papel pintado produce un efecto instantáneo, lo que lo convierte en una opción atractiva para mucha gente, pero es importante pintar las maderas y superficies de alrededor en tonos que complementen el papel pintado. También es importante asegurarse de que los muebles de la habitación presentan un contraste adecuado que complemente el diseño del papel. Papeles diferentes pueden dar lugar a efectos muy distintos sobre la atmósfera de la habitación, por lo que debe elegirse el dibujo con mucho cuidado.

IZQUIERDA: *El diseño de los papeles pintados con bandas es especialmente efectivo y puede contribuir a crear una impresión de altura en la habitación, haciendo parecer que el techo está más alto.*

ARRIBA: *Los diseños de los azulejos y baldosas pueden usarse en suelos y paredes para lograr un esquema bien integrado.*

DERECHA: *Los diseños de habitaciones espaciosas proporcionan un amplio fondo para esquemas de colores difuminados.*

ABAJO: *Los colores vivos resultan efectivos para resaltar los diferentes tipos de superficie y los elementos de una habitación.*

Alicatado

La moderna revolución del bricolaje también ha aumentado la gama de opciones disponibles. Además de ser decorativos, los azulejos ofrecen claramente una opción práctica de recubrimiento de protección de la pared. Son fáciles de limpiar y resistentes al desgaste, por lo que su uso suele concentrarse en zonas tales como las cocinas y cuartos de baño, pudiendo contribuir a conseguir un efecto integrado.

Pintura

La pintura es el producto de decoración más versátil y se usa en la mayoría de las habitaciones, al menos en algunas superficies. La disponibilidad de colores se extiende a cualquier tono imaginable o, lo que es lo mismo, se puede adquirir cualquier color; hasta el punto de que en muchos casos puede haber tantas opciones que se dificulta la elección entre colores muy similares. La existencia de una gama tan amplia ofrece la posibilidad de coordinar colores, para producir esquemas de complementación o contraste, de acuerdo con los gustos personales.

Detalles del pintado

Los colores que contrastan pueden reavivar las superficies, en particular cuando se usan para resaltar ciertos detalles o características de la habitación. Las combinaciones correctas pueden dar mayor textura y añadir interés a diversos elementos arquitectónicos. Sin embargo, cuanto mayor es la gama de colores usados, mayor debe ser el tiempo empleado en la planificación del esquema, con objeto de asegurar la elección de la mezcla correcta.

Selección de materiales

Una vez que se ha elegido el tipo de acabado que se necesita, hay que seleccionar los mejores materiales para ese acabado específico. Los mejores materiales serán aquellos que tengan las propiedades idóneas y las características decorativas apropiadas: algunos acabados encajan mejor con algunas superficies que otros, y se deben considerar estos factores antes de comprar y usar los materiales.

Azulejos y baldosas

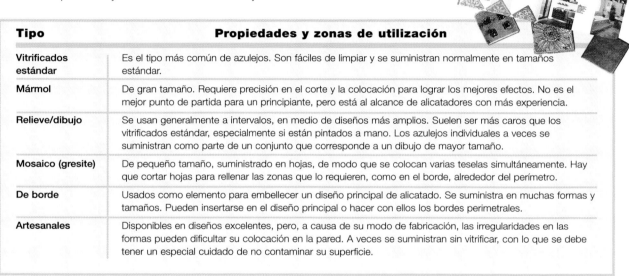

Los materiales cerámicos son los más resistentes al desgaste de los materiales de decoración, por lo que son idóneos para la mayoría de las zonas de la casa. Resisten bien los golpes y la limpieza frecuente, por lo que se usan con gran frecuencia en cocinas y cuartos de baño.

Tipo	Propiedades y zonas de utilización
Vitrificados estándar	Es el tipo más común de azulejos. Son fáciles de limpiar y se suministran normalmente en tamaños estándar.
Mármol	De gran tamaño. Requiere precisión en el corte y la colocación para lograr los mejores efectos. No es el mejor punto de partida para un principiante, pero está al alcance de alicatadores con más experiencia.
Relieve/dibujo	Se usan generalmente a intervalos, en medio de diseños más amplios. Suelen ser más caros que los vitrificados estándar, especialmente si están pintados a mano. Los azulejos individuales a veces se suministran como parte de un conjunto que corresponde a un dibujo de mayor tamaño.
Mosaico (gresite)	De pequeño tamaño, suministrado en hojas, de modo que se colocan varias teselas simultáneamente. Hay que cortar hojas para rellenar las zonas que lo requieren, como en el borde, alrededor del perímetro.
De borde	Usados como elemento para embellecer un diseño principal de alicatado. Se suministra en muchas formas y tamaños. Pueden insertarse en el diseño principal o hacer con ellos los bordes perimetrales.
Artesanales	Disponibles en diseños excelentes, pero, a causa de su modo de fabricación, las irregularidades en las formas pueden dificultar su colocación en la pared. A veces se suministran sin vitrificar, con lo que se debe tener un especial cuidado de no contaminar su superficie.

Papel pintado

Hay papeles pintados de propiedades sorprendentemente diferentes, por lo que pueden ser utilizados en una amplia gama de zonas en la casa. Al elegir un diseño, asegúrese de que la estructura del papel también es la adecuada.

Tipo	Propiedades y zonas de utilización
Forro	Liso y disponible en varios espesores. Usado como capa inferior de un papel de pared con dibujo, o, simplemente, se puede pintar encima. Alisa la superficie de la pared y proporciona una textura más suave que las paredes enlucidas.
Con textura	La estructura del papel presenta relieve con objeto de formar un dibujo o textura. Excelente para cubrir superficies brutas de paredes. Algunas variedades pueden pintarse, en tanto que otras tienen ya aplicado un acabado en vinilo.
De dibujo estándar	Dibujados a máquina, y disponibles en grandes cantidades y gamas de diseños. Idóneos para la mayoría de las paredes. A menudo necesitan un forrado previo. Se vende en variedades autoadhesivas o para encolar.
Vinilo	Papel resistente al desgaste diseñado para una fácil limpieza. La capa de vinilo lo hace idóneo para cuartos de baño y cocinas.
Natural	Compuesto de fibras naturales, tales como la seda o la arpillera. Difícil de colocar, por lo que es mejor dejarlo a los profesionales. Proporciona un acabado sobresaliente, pero no excesivamente resistente.

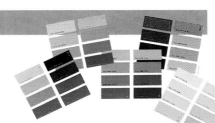

Esta tabla contiene algunas de las pinturas de acabado más habituales para paredes y techos, y explica sus principales propiedades. Además de estas variedades de uso frecuente, se pueden elegir acabados especiales para especialistas.

Tipo	Propiedades y zonas de utilización
Emulsión mate	Idónea para superficies de paredes y techos. Este tipo de pintura cubre bien, seca con rapidez y puede usarse diluida como capa de imprimación sobre el yeso desnudo. El acabado mate proporciona un efecto apagado y liso.
Emulsión seda	Igualmente idóneo para paredes y techos, aunque este tipo de pintura no cubre tan bien como la emulsión mate. La emulsión seda también tarda más en secar, pero, una vez seca, proporciona una superficie brillante y fácil de limpiar. Es, por tanto, más resistente que la emulsión mate y proporciona una base excelente para los efectos de pintura.
Emulsión vinilo	Ideal para superficies de paredes y techos. Esta pintura está mezclada con vinilo para hacerla más resistente al desgaste y de más fácil limpieza. Se vende en variedades mate y brillante. Este tipo de pintura cubre bien las superficies de paredes.
Cáscara de huevo al aceite	Esta pintura puede usarse en paredes y techos, pero no resulta tan amigable para el usuario como la acrílica, principalmente porque hay que limpiar las brochas y las salpicaduras con aguarrás. Su aplicación es también más dificultosa que la de la acrílica al agua, y es más indicada para madera y panelados.
Cáscara de huevo al agua o acrílica	Puede usarse en paredes y techos y es más fácil de aplicar que su equivalente al aceite. Produce un brillo algo mayor que la de la cáscara de huevo al aceite, y equivale a las semisatinadas al aceite y a los esmaltes satinados. Resistente, pero más indicada para superficies de madera, en las que el menor tiempo de secado permite acabar la tarea con rapidez.
Satinada	No idónea para paredes y techos. Disponible al agua y al aceite. Más indicada para madera, si ha sido imprimada y dada otra mano de base correctamente. Muy resistente, pero de tiempo de secado muy largo, especialmente las variedades al aceite.

Los efectos de pintura se obtienen usando una tintura de color que permite la creación de acabados de colores divididos en las superficies de la pared. Los materiales utilizados tienen más relación con la obtención de un dibujo y un efecto, más que con la obtención por sí mismos de buenas propiedades de acabado.

Tipo	Propiedades y zonas de utilización
Barniz acrílico	Es un recubrimiento al agua. Y forma una base idónea para la mayoría de efectos de pintado. Seca rápidamente, ayudando a agilizar el proceso, pero necesitando también una aplicación rápida. Fácil de usar y de limpiar las herramientas tras su uso.
Barniz al aceite transparente	Es un recubrimiento al aceite, denominado simplemente barniz. Tiene propiedades similares al anterior, pero puede necesitarse una adición de aguarrás para obtener el medio correcto; varias según los fabricantes. Requiere un tiempo de secado importante y es de manejo más difícil que su equivalente acrílico.
Colorantes	Usado para añadir color a los barnices anteriores. Algunos colorantes son universales y pueden añadirse a cualquiera de los medios, en tanto que otros son de uso específico con uno u otro material.
Barniz laca	Éste se usa para recubrir los efectos ya acabados para protegerlos y permite la limpieza de las paredes. Hay disponibles acabados mate y satinados.
Recubrimiento de barniz	Similar al anterior, excepto en que está hecho al agua. Es de fácil y rápida aplicación y permite una limpieza fácil de la pared. Da un cierto brillo al acabado.

Preparación de techos y paredes ↗

La calidad de un acabado decorativo depende en buena medida de una meticulosa preparación de las superficies. Esta etapa del procedimiento de renovación es una de las más importantes en lo que se refiere a asegurar que el trabajo de construcción realizado luzca lo mejor posible. Es importante no tener excesivas prisas en el trabajo de preparación de las superficies, así como asegurarse de corregir desde el principio todas las imperfecciones, con objeto de que no aparezcan en la superficie terminada.

Rellenado

El rellenado de las fisuras, juntas y agujeros de las superficies de las paredes y techos puede considerarse una tarea sencilla y metódica, obteniéndose los mejores resultados siguiendo una secuencia de trabajos nada complicada. Hay tres tipos de material de emplastecer: masilla multiusos, masilla flexible y relleno expansivo. Cada uno de los tipos está diseñado para un tipo de tarea particular, y todos los productos específicos existentes en el mercado se basan en uno de estos tres tipos.

Masilla de relleno multiusos

Los fabricantes describen este tipo como multiuso, y, aunque puede usarse para la mayoría de las cosas, es más idóneo para algunos tipos específicos de agujeros. Puede adquirirse preparado para usar o en polvo, al que se añade agua para formar una pasta cremosa. Es más efectivo en pequeñas coqueras y abolladuras en superficies abiertas de paredes y techos.

1 Retire el polvo del agujero y humedézcalo para mejorar la adherencia de la masilla. Use una espátula de emplastecer para apretar el plaste en su sitio, haciendo presión con

la hoja flexible de la espátula. Deje que el material de relleno sobresalga, ya que retrae al secar, pero elimine cualquier exceso en los alrededores del agujero.

2 Una vez que haya secado, lije para conseguir una terminación lisa, a paño con la superficie circundante. En agujeros profundos puede necesitarse la aplicación de una segunda mano de masilla, ya que la excesiva retracción puede hacer que la primera capa quede por debajo de la superficie del agujero. Por consiguiente, una segunda capa más fina aumenta el nivel y permite que se lije hasta tener una superficie final lisa.

Masilla de relleno flexible

Aunque en algunas masillas multiusos se indica que posee propiedades de flexibilidad, éstas no suelen alcanzar las capacidades de las masillas y pastas flexibles en tubo. Este tipo de plaste se usa a lo largo de fisuras en esquinas y uniones de techo y paredes, donde suele haber siempre pequeños movimientos. Aunque pueden usarse ahí masillas multiusos, éstas suelen fisurarse con el tiempo, en tanto que la masilla o pasta flexible aguanta más tensiones debidas a los movimientos. Sin embargo, debe alisar el relleno antes de que seque, ya que no se puede lijar.

1 Use una pistola de sellador para aplicar sellador a lo largo de las fisuras de las esquinas, permitiendo que se forme un cordón de la pasta de relleno por encima y cubriendo la fisura.

2 Antes de que seque la pasta, alise la masilla en la juntura, utilizando un dedo mojado o una esponja. Tenga a mano una taza de agua para humedecer y limpiar el dedo según trabaja para dar forma al relleno.

③ Para almacenarlo, inserte un clavo o tornillo en la boquilla del tubo de material de relleno, para evitar que endurezca en la boquilla y dificulte su uso la próxima vez que lo necesite.

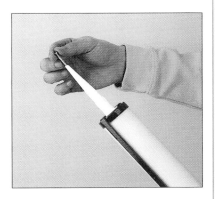

Masilla expansiva de relleno

En huecos y agujeros grandes, especialmente cerca de entradas de formas difíciles, como en el caso de tuberías, el uso de masillas de relleno multiusos o flexibles no es práctico ni económico. Los rellenos expansivos son los idóneos, ya que se meten en todas las oquedades pequeñas, se adhiere bien y produce un buen acabado. Sin embargo, es mejor usarlo en combinación con un plaste multiusos, porque el relleno expansivo o espuma presenta una textura basta. De este modo, una vez completado el proceso principal de rellenado, termine la

superficie con una fina capa de masilla multiusos.

Los rellenos expansivos se suministran en aerosoles y se guían en los agujeros usando una boquilla extendida. Como indica su nombre, una vez que sale del aerosol, la estructura química del relleno expansiona y ocupa todo la zona a rellenar. Esto lleva a que el material de relleno sobresalga del agujero. Tras su secado, puede recortarse con un cúter hasta tener un acabado limpio. Cuando se utilice un relleno expansivo, siga las instrucciones de seguridad del fabricante.

Hoja de rejuntar

La cuchilla u hoja de rejuntar es la herramienta ideal para agilizar el proceso de emplastecer con masilla multiusos. En paredes con numerosos agujeros pequeños, pase la ancha hoja con una

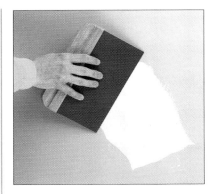

carga de masilla por la superficie. Esto le permite emplastecer muchos agujeros de una pasada, en lugar de rellenar cada uno de ellos separadamente con una espátula.

Consejos profesionales

Aunque es importante no comprometer el acabado final del trabajo por hacerlo demasiado deprisa, hay numerosas medidas prácticas que pueden adoptarse. Hay diversas herramientas diseñadas para acelerar los procesos de bricolaje, y las lijadoras eléctricas, en particular, son unos equipos de mucha utilidad. El lijado no es nunca una tarea creativa y motivadora, y el uso de lijadoras eléctricas ayuda a hacer más rápido el proceso. Son adecuadas para las superficies abiertas de las paredes y cubren las zonas con mucha más rapidez que la que se puede alcanzar mediante un lijado manual con un bloque y papel de lija.

Limpieza y sellado de superficies

Una vez realizados el emplaste y lijado de las superficies, es importante la limpieza de las superficies con agua templada y detergente suave, para eliminar el polvo e impurezas. Finalmente, aclare las superficies con agua y déjelas secar. Dependiendo de su estado y del tipo de capas decorativas que se van a aplicar, también puede requerirse el sellado de las superficies antes de su pintado o decoración. En la tabla siguiente, la disolución de pva mencionada contiene una mezcla de cinco partes de agua y una parte de pva (acetato de polivinilo). Haga la mezcla meticulosamente, antes de su aplicación.

Tipo	Tratamiento de la superficie
Superficies de las que se ha eliminado el papel pintado	Debe sellarse con una disolución de pva.
Forrado en seco	Se debe aplicar a la pared un sellador especial, antes de proceder a una decoración adicional.
Yeso nuevo	Séllese con una disolución de pva antes de empapelar, o aplique una capa acrílica diluida antes del pintado adicional.
Anteriormente pintada	Asegúrese de que la superficie está totalmente limpia. Se requiere dar una disolución de pva, si se va a empapelar.
Anteriormente empapelada	No se recomienda pintar sobre una superficie anteriormente empapelada, a no ser que pueda asegurarse de haber eliminado totalmente cualquier resto de papel.
Panelado de madera	Imprima y pinte según se requiera, o aplique un acabado de madera natural (barnizado).

Técnicas de pintado ⁊⁊

La calidad de un acabado pintado depende tanto del tipo de pintura utilizada, como del método de aplicación. Por consiguiente, una vez que se han comprado materiales de calidad, es importante desarrollar una buena técnica de pintado, para asegurarse de conseguir los mejores resultados en los acabados. Hay diversas herramientas que pueden usarse en la aplicación de la pintura, y algunas son recomendables para ciertas zonas y tareas, aunque las preferencias personales pueden tener una notable influencia en la selección.

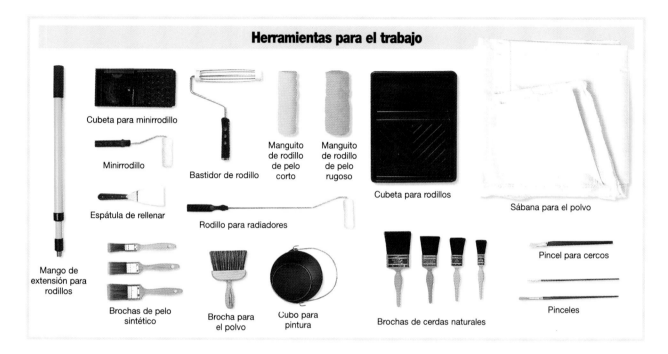

Herramientas para el trabajo

Cubeta para minirrodillo

Minirrodillo

Bastidor de rodillo

Manguito de rodillo de pelo corto

Manguito de rodillo de pelo rugoso

Cubeta para rodillos

Sábana para el polvo

Espátula de rellenar

Rodillo para radiadores

Mango de extensión para rodillos

Brochas de pelo sintético

Brocha para el polvo

Cubo para pintura

Brochas de cerdas naturales

Pincel para cercos

Pinceles

Techos

El primer problema que suele aparecer en el pintado de techos es el de obtener un buen acceso. Aunque el uso de una escalera y una brocha constituye una opción, hay formas más eficaces y rápidas de realizar esta tarea.

1 Una un mango de extensión al rodillo, de modo que se pueda pintar el techo con los pies en el suelo. El mango extensor también es útil en el pintado de paredes, ya que ayuda a acceder a las partes altas de las paredes y reduce la necesidad de inclinarse para pintar las partes bajas. El uso del mango extensor también proporciona una presión más uniforme durante la aplicación de la pintura, mejorando así la calidad y uniformidad del acabado.

2 Tras el uso del rodillo, aún hay que proceder a retocar los bordes del techo. La brocha es el útil idóneo para esta tarea. Si hay que pintar las paredes de la habitación, permita que el color del techo se extienda un poco por la zona superior de la pared; cuando se pinte la pared, puede pintarse sobre el exceso de pintura del color del techo, y retocar con cuidado la unión del techo y la pared. Esta

técnica le permite no perder tiempo en retoques innecesarios con el color del techo.

Consejos profesionales

Continuamente aparecen nuevos productos y, aunque mucha gente prefiere usar utensilios tradicionales, puede resultar conveniente cierta experimentación.

Mejora de la técnica

Hay diversos factores que pueden influir en el aspecto de una superficie pintada. La práctica en su técnica de pintado siempre ayudará a conseguir un buen acabado de paredes y techos. Igualmente ayudarán los aspectos siguientes.

Número de capas

Probablemente es uno de los factores que más influyen en el logro de un buen acabado. Conviene siempre tener una actitud flexible en la decisión de los requisitos del número de capas. Como regla general, ninguna superficie debe recibir menos de dos capas de pintura, y las superficies de yeso nuevo deberían recibir tres capas. La calidad de la pintura que esté usando también determinará los requisitos del número de capas. Cuando se acondiciona una pared anteriormente pintada con el mismo color, normalmente sólo se necesita una nueva capa de pintura. Así pues, la flexibilidad es clave, pero, como regla general, cuanto mayor sea el número de capas, tanto mejor será el acabado.

Bordes mojados

La estructura química de las pinturas modernas incluye con frecuencia sustancias tales como vinilo (lo que hace que sean más fáciles de lavar), que pueden dificultar la tarea de pintar. El ligero brillo producido por el vinilo puede hacer resaltar algunas zonas en que las capas de pintura son mayores que en otras. Esto se produce cuando se pintan las zonas centrales de una pared; se deja secar, y se retocan los bordes posteriormente. De este modo, al aplicarse las capas, se produce un solape entre la pintura del borde y la de la zona central, con lo que puede producirse una acumulación de capas de pintura en los bordes del retoque de las esquinas, lo que puede producir una diferencia de color que puede notarse. Para evitar esto, pinte cada vez una pared, pintando tanto la zona central como los bordes, secándose, por tanto, a la vez. Esto es especialmente importante en colores oscuros, en los que esas diferencias pueden notarse más que en tonos más claros.

Marcas de los rodillos

La textura de los rodillos deja una ligera huella en la pintura y en el acabado de la superficie. Asegúrese de que no haya acumulaciones de pintura en los extremos de los rodillos, ya que esto puede llevar a unas líneas de mayor espesor o marcas de los rodillos en las superficies de techos y paredes.

Imprimaciones

Dé una imprimación en las zonas emplastecidas con una masilla multiusos, usando el color escogido

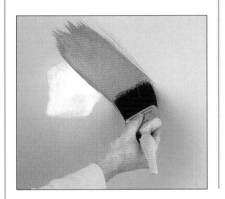

para la pared. De otro modo, la diferencia en las propiedades de absorción del plaste y de la pared puede provocar diferencias de tonos al añadir nuevas capas de pintura. En el caso de manchas problemáticas en una superficie pintada, es mejor utilizar un bloque para manchas a fin de recubrir la zona antes de continuar con la pintura de acabado.

En los sitios en que se ha utilizado una masilla de relleno flexible, siempre es mejor imprimar con una pintura de primera capa al aceite, dado que la aplicación de una pintura al agua acrílica sobre la masilla puede, en algunas ocasiones, fisurarse al secar.

Rociado

En algunas ocasiones es mejor rociar con una pistola rociadora grandes superficies abiertas. Sin embargo, proteja siempre con cinta las zonas que no requieren pintado, y use gafas de seguridad y mascarilla de respiración. Aplique varias capas delgadas, en vez de pocas capas más gruesas, ya que esto evitará goterones en el acabado.

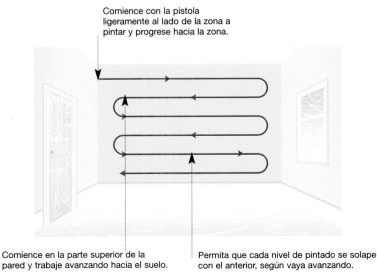

Comience con la pistola ligeramente al lado de la zona a pintar y progrese hacia la zona.

Comience en la parte superior de la pared y trabaje avanzando hacia el suelo.

Permita que cada nivel de pintado se solape con el anterior, según vaya avanzando.

Efectos de pintura ⚹⚹

La aceptación general de los efectos de pintura nunca ha sido mayor que ahora y los fabricantes responden a la demanda, produciendo nuevas herramientas, equipos y materiales. Uno de los materiales más importantes es el barniz acrílico: la calidad de los efectos de pintura suele depender tanto de éste, como de las técnicas y del equipo adecuado. Algunas técnicas son algo más complicadas que otras, por lo que conviene tener en consideración la habilidad requerida, en el momento de escoger los efectos deseados.

Herramientas para el trabajo

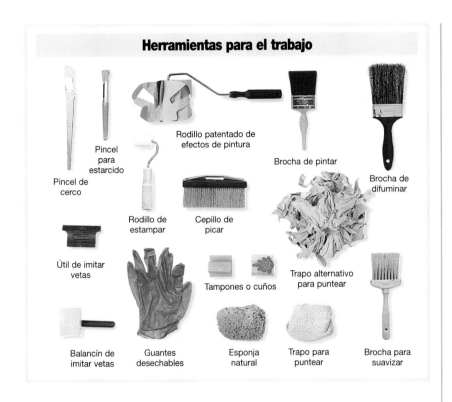

Pincel para estarcido

Pincel de cerco

Rodillo patentado de efectos de pintura

Brocha de pintar

Brocha de difuminar

Rodillo de estampar

Cepillo de picar

Útil de imitar vetas

Trapo alternativo para puntear

Tampones o cuños

Balancín de imitar vetas

Guantes desechables

Esponja natural

Trapo para puntear

Brocha para suavizar

Mezclado de colores

La mayoría de los efectos de pintura se consiguen usando barniz transparente. Éste es el medio para obtener un efecto texturado o tridimensional que hace atractivo los efectos de pintura. Los tradicionalistas argumentarán que el barniz debe ser al aceite, pero, con mucho, los de uso más sencillo son los acrílicos o al agua. Éstos pueden comprarse simplemente en los autoservicios, por lo que el mezclado del color constituye un proceso básico de adición de pigmentos o colorantes al barniz, para lograr el tono deseado. Sin embargo, se requieren algunas precauciones e instrucción en este proceso, para evitar desperdicios y estar seguro de que el color de la mezcla corresponderá exactamente al color deseado de la superficie de la pared.

Adición de colorante

Antes de añadir color al barniz acrílico, mezcle colorantes hasta lograr el tono deseado. No es probable que sus necesidades exactas de color sean las de un tubo determinado de colorante. Por ello, el mezclado será, casi con seguridad, necesario. Añada algo de su color mezclado a una cantidad pequeña de barniz acrílico, sobre una paleta de mezcla, de modo que pueda hacer pruebas en una zona discreta o sobre un tablero no utilizado. Saltarse este proceso y añadir el colorante a grandes cantidades de barniz puede llevar a que el barniz acrílico adquiera un color equivocado, que no puede ser de nuevo mezclado al color deseado, desperdiciándose.

Consideraciones sobre la dilución

Recuerde que la intensidad del pigmento del colorante en una zona pequeña se diluirá cuando se añada a una cantidad grande de barniz. Por tanto, tenga en cuenta que, aunque el pigmento del colorante sea muy fuerte, una vez que se aplique a la pared se tendrá cierta atenuación del efecto.

Cantidades

Las instrucciones de los fabricantes sobre la cantidad necesaria de pigmento y sobre cuánta superficie de pared quedará cubierta por el barniz varían. Sin embargo, aunque el barniz llega más lejos que las pinturas tradicionales, recuerde que, si se queda corto, le será prácticamente imposible reproducir el color exacto en una nueva mezcla de barniz. Por tanto, mezcle siempre más cantidad que la estimada, de modo que tal situación no se produzca. Cualquier cantidad no usada podrá conservarse para futuros proyectos, siempre que se guarde en contenedores sellados al aire.

Técnicas

La mayoría de los efectos de pintura se catalogan según que el efecto se aplique con una herramienta directamente a la pared, o se aplique primero una capa de barniz acrílico con una brocha, y los efectos se apliquen con un útil a esta capa de barniz. En ambos casos puede usarse el mismo útil para la técnica, pero obteniendo efectos muy diferentes. Por ejemplo, el acabado producido con esponja es marcadamente diferente si se aplica directamente a la pared o a la capa de barniz aplicada previamente. Sin embargo, no se pueden usar todas las herramientas en ambos métodos, y algunas son claramente más adecuadas para uno u otro método.

Punteado con esponja directamente sobre la pared

Sumerja una esponja natural húmeda en barniz fresco y quite cualquier exceso, antes de aplicar la esponja ligeramente contra la superficie de la pared. Cambie el ángulo de la muñeca y la dirección de la esponja, según avance en la pared, con objeto de lograr un efecto totalmente aleatorio. Limpie la esponja con periodicidad.

Punteado con trapo, con aplicación previa de barniz

Aplique el barniz acrílico a la pared con una brocha y use un trapo húmedo y arrugado para hacer marcas con el trapo sobre la superficie barnizada. Cambie el ángulo de la mano y la colocación del trapo para mantener un efecto al azar. Trabaje sólo en zona de un metro cuadrado cada vez; en caso contrario, el

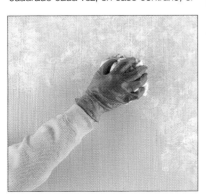

barniz secará antes de tener la oportunidad de hacer las huellas con el trapo. Use un trapo nuevo (o lave el usado) cuando se colme con barniz.

Picado

Esta técnica sólo puede hacerse tras la aplicación de una capa de barniz a la pared, antes del uso de la brocha de picado para hacer impresiones finas y con textura en la superficie barnizada. Mantenga en todo momento los pelos de la brocha en ángulo recto respecto de la superficie de la pared. Como en el caso anterior, trabaje sólo en zonas de un metro cuadrado cada vez y elimine los excesos de barniz adheridos a los pelos de la brocha periódicamente.

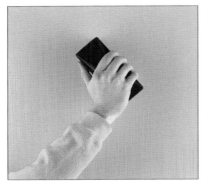

Lavado del color

Probablemente se trata del efecto de pintura aplicado indirectamente, tras la aplicación de la capa de barniz. El lavado del color conlleva pasar la brocha sobre el barniz, utilizando la textura causada por la brocha como efecto de acabado. Los brochazos pueden darse al azar o de modo uniforme, dependiendo del gusto personal. Puede aplicarse más de una capa para acumular el espesor general.

ESTAMPADO

El estampado (como el estarcido) es un método para aplicar una imagen definida a una superficie de pared. El diseño puede ser un objeto decorativo y combinarse con cualquier otro tipo de efecto de pintura –aplicado por encima de él– o aplicado directamente a las paredes pintadas sencillamente.

• Aplique pintura al reverso del tampón, usando un rodillo de espuma, diseñado especialmente. Pruebe el estampado en restos de papel antes de aplicarlo a la pared, con objeto de comprobar la adecuada cantidad de pintura para el espesor requerido del acabado.

• Aplique el tampón a la pared, asegurándose de que no se desliza sobre la superficie de la pared durante la aplicación, de modo que no se corra el dibujo. Retire el cuño en ángulo recto y muévalo a la siguiente posición. Se puede volver a aplicar pintura al tampón cada vez o, de forma alternativa, cada dos o tres usos del mismo, lo que ayuda a obtener un efecto más suave y aleatorio.

Técnicas de empapelado de paredes ⚒⚒

El empapelado de paredes requiere un trabajo metódico, con mucha atención al detalle. Es importante dedicar el tiempo necesario a la selección del papel, comprobando que está de acuerdo con los requisitos estéticos y que usted se sentirá seguro en su colocación. Algunos papeles son más fáciles de usar que otros, y los dibujos sutiles pueden hacer especialmente difícil el empapelado, pero una práctica cuidadosa facilitará el proceso.

Herramientas para el trabajo

Cubeta para papel pintado

Mesa para encolar

Nivel

Brocha para encolar

Tijeras

Cinta métrica

Cepillo para empapelar

Esponja

Cúter

Rodillo para juntas

Trate de seleccionar un punto de inicio, desde el que pueda extender un rollo completo; es decir, los únicos recortes necesarios estarán en los bordes de encima y de abajo. El punto de partida inicial dependerá de la forma de la habitación. Con la mayoría de los papeles conviene empezar cerca de una esquina, puesto que, si se requiere una junta, ésta se nota menos si se sitúa en una esquina entre paredes. Con dibujos grandes, el diseño debe quedar centrado en las partes prominentes, como los salientes de chimeneas, de modo que se obtenga un efecto equilibrado.

1 Use un nivel para trazar una línea de referencia del techo al suelo de la habitación; esto proporcionará una guía para la colocación del primer tramo.

2 Aplique cola a la parte posterior del primer tramo de papel (si se requiere) y colóquelo de modo que el borde siga la línea vertical de referencia. Utilice un cepillo de empapelar para quitar las burbujas, cepillando el papel desde la parte central hacia los bordes.

3 Use un cúter para recortar los tramos de papel junto al techo y el suelo. Para obtener los mejores resultados, recorte ligeramente por encima del techo y rodapié, respectivamente, de modo que vaya a su sitio cuando se cepilla el papel, lográndose el acabado de mejor aspecto.

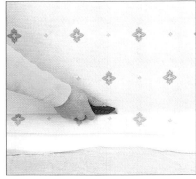

4 Coloque a tope siempre las juntas entre tramos y haga que los dibujos casen a nivel del ojo. En general el dibujo casará en toda la longitud del tramo, pero ocasionalmente hay una caída del dibujo. En esos casos, es mejor buscar que la mejor continuidad del dibujo se produzca donde más se ve; esto es, a nivel del ojo.

A veces se forran los techos para mejorar su acabado, o pueden empapelarse, como una opción más de decorado. En ambos casos, hay que empezar en el lugar adecuado y empapelar transversalmente a la dirección de la mayor dimensión de la habitación, minimizando así el número de juntas. También tienen que considerarse los obstáculos, tales como los accesorios de iluminación. Se necesitarán, al menos, dos pares de manos y se debe prestar una especial atención a la seguridad:

• Construya una plataforma de acceso segura desde la que trabajar (véase página 37).

• Desconecte la energía eléctrica en el cuadro de entrada cuando trabaje cerca de accesorios eléctricos.

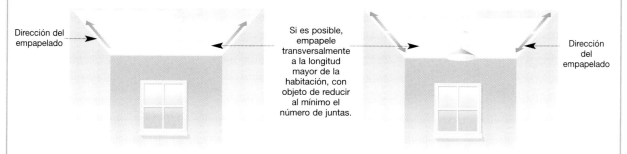

Dirección del empapelado

Si es posible, empapele transversalmente a la longitud mayor de la habitación, con objeto de reducir al mínimo el número de juntas.

Dirección del empapelado

Cuando se empapele un techo sin obstáculos, como lámparas, comience contra la pared y trabaje a lo ancho de toda la superficie.

Cuando se empapele un techo con obstáculos, tales como aparatos de iluminación, empiece en el centro de la habitación y trabaje desde la lámpara colgante, en ambos sentidos.

Juntas invisibles

En algunas ocasiones resultará imposible hacer las juntas a tope entre tramos. Por ejemplo, en una esquina exterior, el papel se deforma ligeramente, ya que no puede rodear la esquina y quedar vertical simultáneamente.

1 Permita que los tramos se solapen entre sí, haciendo que el dibujo case en el solapamiento.

2 Usando un cúter y una regla –un nivel será idóneo–, corte por el centro del solape, desde el techo hasta el suelo.

3 Pele los bordes de ambos tramos y quite las tiras de papel que sobran. Vuelva a cepillar los bordes de nuevo en su sitio, con lo que quedará una junta perfecta entre los dos tramos.

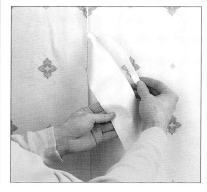

PREPARACIÓN DEL PAPEL

Antes de colocar el papel en la pared hay que realizar algunas comprobaciones y procedimientos estándar.

• **Tipo de papel:** Determine si el papel está preencolado o hay que aplicar cola en su reverso. Aunque la técnica de colocación es similar, varían ligeramente las herramientas a emplear y las necesidades de materiales.

• **Lotes:** Compruebe siempre que todos los rollos de papel tienen el mismo número de lote, ya que puede haber pequeñas diferencias de tono entre lotes diferentes de fabricación.

• **Corte:** Al cortar el papel, permita siempre un tamaño con dibujos completos, más un ligero sobrante, para poder recortarlo en cada extremo.

• **Forro:** Las paredes deberían cubrirse generalmente con papel de forrar antes de aplicar el papel pintado. Compruebe las instrucciones y recomendaciones del fabricante en el papel pintado determinado que vaya a usar.

Técnicas de alicatado ⌐⌐⌐

Además de ser decorativos, los azulejos ofrecen una clara opción práctica de recubrimiento de paredes. Son resistentes y fáciles de limpiar, por lo que su uso suele concentrarse en zonas tales como los cuartos de baño y cocinas. En lo que se refiere a la colocación de azulejos en la pared, al igual que con el papel pintado, se debe poner énfasis en mantener la nivelación y el alineamiento vertical para lograr un efecto equilibrado. La colocación real requiere una técnica metódica, combinada con una planificación cuidadosa y con unas mediciones y realizaciones de cortes precisos.

PREPARACIÓN PARA EL ALICATADO

Antes de alicatar, hay que estar totalmente preparados, organizando bien la secuencia de los trabajos para evitar errores y confusión.

• **Comprobación de los azulejos:** Abra siempre las cajas de azulejos antes de su compra, para comprobar que no hay roturas.

• **Barajado:** Cuando se usen azulejos de un mismo color para todo a la mayor parte del diseño, mezcle o baraje los azulejos de las diversas cajas, de modo que cualquier pequeña diferencia de tonalidad se reparta uniformemente en toda la superficie alicatada y resulte invisible a simple vista.

• **Galga para alicatar:** Para ayudar a decidir a la elección del punto de inicio, haga una regla o galga para alicatar con un tramo de listón de madera. Extienda una hilada de azulejos en seco, sin ligar, sobre una superficie plana (dejando las holguras para los espaciadores) y sujete un tramo de listón a lo largo de esa hilada. Marque con un lápiz en el listón las juntas entre azulejos. A continuación, sujete el listón contra la pared y utilícelo como galga para determinar el sitio más adecuado para comenzar la disposición de los azulejos. También le ayuda a planear los cortes para los lugares más recomendables y para lograr un efecto equilibrado.

• **Espaciadores:** Los espaciadores se suministran normalmente en hojas, que deben trocearse antes de su uso. Conviene trocear varias hojas antes de comenzar a alicatar, de modo que no pierda tiempo cuando esté realmente colocando los azulejos sobre la superficie de la pared.

• **Mantenimiento de la limpieza:** El alicatado puede ser un negocio sucio: tenga siempre un cubo de agua limpia al alcance de la mano, de modo que se puedan mantener limpias las superficies y herramientas en todo momento.

Herramientas para el trabajo

Sierra para azulejos

Esponja

Alicates para azulejos

Rascador de lechada

Palito de forma para la lechada

Cortadora de azulejos

Espátula para lechada

Extendedor de adhesivo

Hay algunas instrucciones sencillas que pueden aplicarse a la mayoría de los proyectos de alicatado.

1 La parte superior del zócalo rara vez constituye un nivel preciso, ni es el mejor sitio para colocar la primera hilada de azulejos. Por tanto, clave una tabla en posición, por encima del zócalo, usando como guía un nivel de burbuja. Éste actúa como soporte de los azulejos, evitando que se deslicen

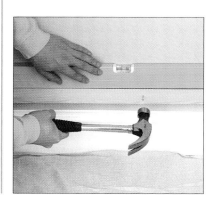

hacia abajo por la superficie de la pared. Una vez que el conjunto principal de azulejos se ha completado y secado, se retira la tabla y se pueden usar azulejos cortados para completar la zona hasta el zócalo.

2 Se deben usar espaciadores para mantener las distancias entre azulejos. En la superficie de pared abierta, éstos permanecerán en su sitio,

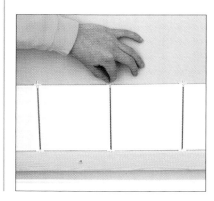

Secuencia de alicatado

Aunque cada habitación difiere, hay un orden básico para alicatar, que ayudará a obtener el mejor acabado.

1. Coloque los azulejos completos (sin corte).
2. Rellene alrededor de los obstáculos.
3. Complete las esquinas.
4. Una vez que el diseño principal ha secado, rellene la parte baja de la habitación con azulejos cortados.
5. Coloque azulejos de borde, si se requiere.

1. Azulejos completos
2. Rellene alrededor de los obstáculos
5. Coloque los azulejos de borde, si se requiere
4. Use azulejos cortados en la parte inferior de la pared
3. Complete las esquinas

pudiéndose dar lechada por encima. En el nivel inferior, pueden colocarse planos sobre la tabla de guía, y permanecer en esa posición hasta el secado total del adhesivo. Entonces pueden quitarse, junto con el listón.

3 Al dar la lechada, use siempre una espátula de lechada (no use nunca sus dedos), moviéndola en todas las direcciones a lo ancho de los azulejos, para presionar la lechada en todas las juntas. Retire los sobrantes de lechada según avance.

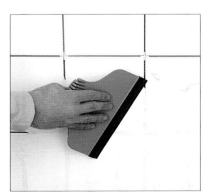

4 Lave la superficie de azulejos con una esponja, antes de dar forma a las juntas de lechada con un palito, obteniendo un acabado limpio. Deslice

el palito romo a lo largo de la junta para alisar la lechada entre los azulejos.

Corte de azulejos

Los cortes pueden dividirse en dos categorías sencillas: los rectos y los que tienen curvas.

Cortes rectos

1 Aunque se pueden utilizar cortadores de azulejos manuales para este objeto, las máquinas de cortar azulejos son la herramienta ideal por su precisión y facilidad de uso. Mida el tamaño del corte requerido y marque a lo largo de la línea hasta hacer una muesca definida por la línea,

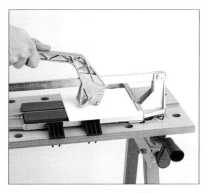

atravesando la superficie vitrificada del azulejo.

2 Los diseños varían según los cortadores, pero los principios generales de rotura del azulejo por la muesca realizada se basan en la aplicación de una fuerza a ambos lados de la línea de la muesca indicada, provocando que rompa con precisión por la misma.

Cortes curvos

Para realizar los cortes curvos se usa una sierra diseñada al efecto. Marque claramente una línea de guía sobre el azulejo y sujételo con una mordaza al banco de trabajo, cortando a continuación con la sierra.

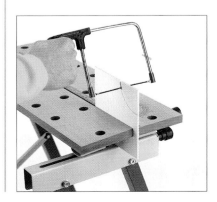

Acabado de techo con textura ⁄⁄

Se pueden añadir diversos tipos de acabado a una superficie lisa de techo para tener un efecto con textura o dibujo. Estos recubrimientos pueden usarse tanto en techos forrados en seco como enyesados, o incluso sobre superficies más rugosas, onduladas, ayudando a obtener un acabado más decorativo. Sin embargo, los recubrimientos con textura no deben nunca aplicarse encima de papel pintado o de forro, y sólo deben aplicarse a techos previamente sellados y que, por tanto, son estables para aceptar este tipo de recubrimiento.

Herramientas para el trabajo

Éstos son algunos de los utensilios que se emplean para conseguir un acabado con textura. No todos ellos serán necesarios: dependerá del tipo de textura o estampado que se desee aplicar (véase más abajo).

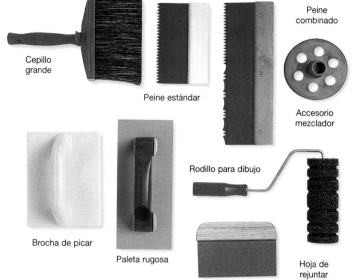

Cepillo grande

Peine estándar

Peine combinado

Accesorio mezclador

Brocha de picar

Paleta rugosa

Rodillo para dibujo

Hoja de rejuntar

imperfecciones afectarán a la capacidad del acabado texturado para adherirse a la superficie del techo.

2 Mezcle el recubrimiento texturado en un cubo. Siga las instrucciones del fabricante relativas a la cantidad de agua a añadir al polvo. Aunque puede mezclarse el recubrimiento a mano, es mucho mejor utilizar un accesorio mezclador acoplado a su taladro.

Picado de un techo

Una vez que se ha aplicado el recubrimiento, se necesita un útil especial para hacer el acabado. Pueden usarse peines y paletas, pero en este caso se utiliza una brocha de picar, para lograr un efecto de picado o puntillado en el techo.

👍
Consejos profesionales

Se puede trabajar desde una plataforma resistente y sólida (véase página 37), moviéndola gradualmente a través del techo. También puede usarse una escalera, pero implicará bastante esfuerzo de subir y bajar constantemente.

1 En techos de cartón yeso, asegúrese de que todas las juntas se han tapado con cinta autoadhesiva para juntas. Compruebe que la cinta está firmemente pegada, y que no hay rasgaduras ni arrugas, ya que esas

ENCINTADO TRADICIONAL

En lugar de usar cinta autoadhesiva, se puede utilizar un método más tradicional de encintado. La cinta de rejuntar estándar tiene que ser empapada en agua antes de colocarla. Se coloca sobre las juntas entre las planchas de cartón yeso, de forma similar a la indicada anteriormente.

3 Aplique un recubrimiento texturado sobre las juntas del cartón yeso y sobre cualquier cabeza de clavo que haya en el techo, usando una hoja de rejuntar. Permita que seque esa zona, antes de proceder a la aplicación en el resto de la superficie.

4 Use un cepillo grande para aplicar el recubrimiento principal a la superficie del techo. Aplique una capa gruesa y uniforme para asegurar una total cubrición y un espesor uniforme. Trabaje en zonas de aproximadamente un metro cuadrado cada vez, con objeto de evitar el secado de la mezcla.

Consejos profesionales

Conviene que trabajen dos personas en la superficie en todo momento: mientras una persona aplica el recubrimiento, la otra utiliza la brocha de picar. Esto ayuda a asegurar que el recubrimiento siempre tiene el borde fresco y que el trabajo se finaliza de una tacada, sin zonas secas o parches. También conviene practicar esta técnica sobre una pieza no utilizada de cartón yeso, antes de empezar a trabajar en el techo. Esto es especialmente importante cuando se usan peines, ya que el dominar la técnica requiere tiempo.

5 Tome la brocha y apriétela contra la superficie del recubrimiento, en ángulo recto con el techo. Quítela, en ángulo recto con la superficie, y muévala a una zona de recubrimiento adyacente. Solape ligeramente las huellas de la brocha de picar, para obtener un efecto uniforme y aleatorio. Cambie el ángulo de la cara de la brocha de picar, con objeto de lograr un efecto aleatorio aún mayor. Repita los pasos 4 y 5 en todo el techo, hasta que haya completado toda la zona.

6 Termine los bordes del techo humedeciendo una brocha de 2,5 cm y pasándola por el recubrimiento fresco, lo que producirá un borde limpio en el mismo.

Consejos profesionales

Una vez secos, los recubrimientos con textura pueden dejarse sin otro recubrimiento adicional, pero puede añadirse un acabado mate o sedoso.

Estos recubrimientos proporcionan un acabado en el techo de mucho efecto, dando profundidad y textura a lo que constituye una zona plana, de dos dimensiones.

reparar y restaurar

No todas las tareas de construcción implican la renovación completa de techos o paredes. Por el contrario, la mayoría de los trabajos consisten en reparaciones y cambios en zonas localizadas, como por ejemplo la restauración de superficies dañadas. Este tipo de trabajo es a menudo rápido a la hora de llevarlo a cabo, pero, sin embargo, es importante para mantener y restaurar la apariencia de las paredes y los techos. En este capítulo se cubren muchas de las tareas corrientes de reparación que se necesitan en la casa, y proporciona instrucciones sobre la mejor forma de tratar las zonas dañadas. Muchos de los procedimientos empleados se han descrito brevemente en capítulos anteriores, pero siempre se suelen necesitar pequeñas variaciones a la hora de dar con la mejor técnica para reparar.

Ya vaya pintado o barnizado, el friso machihembrado proporcionará siempre un acabado sólido y atractivo a la habitación.

Reparaciones menores ⬈

Cuando se prepara una habitación para pintar o dar algún otro tipo de acabado, es casi seguro que habrá que realizar algún tipo de reparaciones menores o mejora de superficies, independientemente de la edad de las paredes y los techos. Las pequeñas imperfecciones sobre estas superficies suelen ser fáciles de reparar, pero implican una gran mejora en el aspecto total de la habitación.

Techos

Herramientas para el trabajo

Martillo
Puntero
Espátula de rellenar
Cúter
Hoja de rejuntar
Espátula de rellenar
Pincel

Normalmente los techos sufren menos desgaste que las paredes, porque están más alejados de las zonas de paso y de las posibles causas de deterioro. Sin embargo, pueden sufrir desgaste por otros motivos, como por ejemplo la vibración a menudo producida por las pisadas y golpes en la planta de encima. En la mayoría de los casos ello no causa ningún problema, pero a veces la vibración continuada puede acarrear pequeños daños en la superficie de los techos.

Cabezas de clavos que sobresalen

Las cabezas de clavos pueden aparecer de forma visible sobre la superficie del techo por motivos diversos. Si se trata de un techo antiguo, puede ser porque el clavo no ha sido bien clavado y con el paso del tiempo se ha aflojado. Sin embargo, el problema puede ser más delicado si se trata de techos que se han instalado recientemente, e indicaría que las planchas no se han sujetado lo suficientemente bien, o que los clavos no se han clavado bien sobre las viguetas. La solución para ambos problemas es muy sencilla.

1 Golpee la cabeza del clavo con el puntero para asegurarse de que queda empotrado bajo la superficie. Si el clavo está suelto, hay que quitarlo con unos alicates y colocar uno nuevo en la vigueta más cercana.

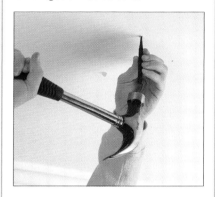

2 Tape el agujero con masilla de relleno multiuso. Deje que se seque y después lije para obtener un acabado completamente liso.

Grietas en los techos

Al igual que con las cabezas de clavos que sobresalen, las grietas pueden aparecer tanto sobre techos viejos como sobre los nuevos. Lo normal es que la dirección de las grietas sea la de los puntos de unión de las planchas que forman el techo, y por ello son

más bien rectas y de curso uniforme; pero esto no es siempre así, y las grietas pueden aparecer por otras muchas razones. En algunos casos, no muy frecuentes, basta con rellenarlas con masilla de relleno multiuso.

1 Utilice un cúter para cortar a cada lado de la grieta, retire el material suelto y dé forma de "V" a la grieta.

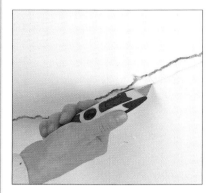

2 Utilice la espátula de rellenar para poner masilla en la grieta y apretarla, manteniendo los bordes de este utensilio sobre los lados de la fisura, para que se consiga un acabado lo más liso posible. En caso de grietas profundas, hará falta repetir la operación. Deje secar y después lije hasta que quede liso.

GRIETAS PERSISTENTES

Algunas veces, tratándose de pequeñas grietas, por mucho que se repita la operación de rellenado, éstas reaparecen una y otra vez. Se puede forrar el techo con papel para que estas grietas no sean visibles, pero si el papel también se rasga significará que hay problemas estructurales y habrá que buscar asesoramiento profesional.

Paredes

Los mismos problemas mencionados anteriormente de clavos que sobresalen y grietas pueden aparecer en las paredes, pero son también propensas a otro tipo de daños causados por el desgaste. Una vez más, muchos de los problemas se resuelven con poco trabajo.

Hendiduras y pequeñas oquedades

Los golpes en las paredes y los desconchones son muy normales y prácticamente inevitables. Realice siempre las reparaciones oportunas de los mismos si va a pintar, para asegurarse un buen acabado.

1 Para agujeros pequeños, limpie el material suelto y recubra la zona con masilla de rellenar multiuso, utilizando la espátula de rellenar. Deje secar y lije para conseguir un acabado completamente liso.

2 Para agujeros grandes utilice la cara ancha de la hoja de rejuntar para aplicar la masilla. Si los agujeros son profundos, tendrá que repetir la operación varias veces.

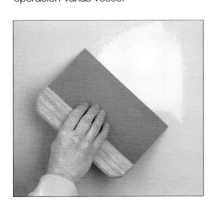

Cinta suelta

La cinta que utiliza para hacer las uniones en las paredes forradas en seco o en los techos, puede soltarse a veces y formar un bulto sobre la superficie en cuestión. Esto puede ocurrir porque en su día no se llegó a sujetar suficientemente bien, o puede también ser un signo del paso del tiempo. Sea el caso que sea, habrá que repararlo antes de pintar encima.

1 Arranque el trozo de cinta defectuosa y corte con un cúter por la zona en la que todavía está bien pegada a la superficie.

2 Reponga el tramo dañado con cinta de rejuntar autoadhesiva, siguiendo el procedimiento habitual.

3 Utilice una espátula de rellenar para extender la masilla de rejuntar a lo largo de toda la unión. Deje secar antes de lijar la superficie para que quede completamente lisa.

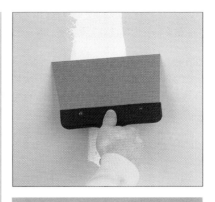

Las uniones entre la pared y el techo

Las zonas de unión son también propensas a las grietas. Para reparar las uniones normales emplee masilla de relleno flexible, como se indica en la página 108. Las uniones decoradas con molduras requerirán más trabajo.

1 Ponga masilla de relleno con el dedo sobre la zona dañada, presionando con cuidado pero dejando que la pasta sobresalga ligeramente sobre la superficie de la moldura.

2 Utilice un pincel fino humedecido con agua para dar la forma que más convenga a la masilla de relleno. Deje secar y después lije con suavidad.

Mejoras en los techos ⟋⟋⟋

Asegurarse de que un techo está en buenas condiciones antes de aplicar la pintura puede acarrear mucho más trabajo que realizar simples reparaciones. Algunos techos decrépitos pueden necesitar que se lleve a cabo su sustitución (ver página 66), pero otros cuentan en principio con más opciones. Por ejemplo, aplicar una capa fina de yeso sobre una superficie de yeso basto sería una manera de restaurarlo para conseguir un acabado más liso. Además, el tipo de trabajo que se describe a continuación puede resultar también una buena alternativa.

Techos de textura envejecida

Los techos con un acabado texturado agradan a algunas personas más que a otras. Por ello, quizá desee restaurar un techo viejo de este tipo para darle un acabado liso. Una posible técnica para eliminar la capa texturada es emplear un arrancador de papel pintado. Sin embargo, cuando se utilizan estos aparatos hay que prestar mucha atención a las instrucciones de manejo que indica el fabricante y someterse a todos los requisitos de seguridad que se señalen; son indispensables las gafas de protección y los guantes.

Por otro lado, si la capa de recubrimiento está bien pegada al techo, puede ser más sencillo y rápido enlucir encima de ella. Para hacer esto conviene consultar las técnicas de enlucido del capítulo 5, pero también puede interesarle la técnica más refinada que se indica aquí.

Herramientas para el trabajo

Rasqueta

Brocha grande o brocha de encolar

Llana

Equipo para hacer mezclas

1 Utilice la rasqueta para eliminar los pequeños bultos que recubren el techo texturado. Esta tarea la tendrá que llevar a cabo de forma más o menos concienzuda dependiendo del tipo de acabado que desee, pero conviene eliminar todo lo que se pueda, y con ello se consigue que el proceso de enlucido sea mucho más fácil.

2 Aplique con la brocha una capa de solución de pva (cinco partes de agua por una de pva) sobre el techo para sellarlo y estabilizarlo de modo que quede listo para el enlucido.

3 Mezcle yeso (ver página 87) y aplíquelo sobre el techo con una llana. Hará falta una capa un

poco más espesa para poder cubrir todas las irregularidades de la textura anterior; por ello se tendrán que aplicar dos capas de yeso.

LA OPCIÓN DE LA TEXTURA

Existe una fórmula apropiada en el caso de techos muy agrietados y/o con la superficie muy desigual, que consiste en aplicarles una pintura texturada patentada que ayuda a eliminar la rugosidad y las ondulaciones del techo. El acabado que se obtiene no es el mismo que el de los acabados texturados convencionales, pero es suficiente para cubrir las grietas pequeñas y conseguir un aspecto más uniforme, sin tener que llegar al extremo de realizar un trabajo tan duro como es enlucir. Conviene tener en cuenta que el enlucido de un techo no es un trabajo para principiantes, por lo que la pintura texturada es una opción buena y económica para personas con poca experiencia.

Uso en techos de papeles texturados

De la misma forma que se puede usar papel de forrar para alisar la superficie de un techo, los papeles texturados se pueden emplear para añadir relieve e interés a la superficie de un techo. Este tipo de papel tiene relieve, por lo que será necesario un cierto cuidado al manipularlo. Puede ser necesario revestir el techo previamente con papel de forrar para conseguir un mejor resultado.

Herramientas para el trabajo

Cuerda entizada
Brocha para encolar
Cepillo de empapelar
Tijeras
Lápiz
Cúter o tijeras

1 Utilice la cuerda entizada para dibujar una línea guía sobre la superficie del techo. Asegure el papel sobre la línea de unión de la pared con el techo y asegúrese de que el borde del papel va quedando alineado con la marca que se ha hecho con la cuerda entizada.

2 Desplace el cepillo de empapelar sobre el papel con la suficiente presión para que se quede bien sujeto y se eliminen las burbujas, pero no

tanto como para que se estropee el acabado en relieve.

3 Dibuje una línea a lápiz a lo largo de la unión de la pared con el techo. Despegue el papel que desborda sobre la pared y corte con cúter o con tijeras a lo largo de esa línea a lápiz. Ya recortado, pase el cepillo sobre el papel para volver a pegarlo en su sitio y repita el proceso por el otro extremo de esa misma tira.

4 Al unir dos tiras, tenga cuidado de no dañar el relieve con el cepillo. Elimine el exceso de cola del papel y del techo conforme va trabajando.

👍

Consejos profesionales

Recuerde que el papel texturado necesita una mezcla de cola más fuerte que la del papel normal, porque pesa más.

Los papeles texturados proporcionan un acabado uniforme que aumenta la importancia del techo y ayuda a camuflar las irregularidades de su superficie.

Sustitución de un trozo de falso techo ⚞

Los daños en los techos se producen muy a menudo por accidentes domésticos; por ejemplo, al quitar una tabla del suelo se puede colar un pie en ese hueco. A veces el daño parece catastrófico, pero la reparación es más bien sencilla. Incluso teniendo en cuenta que la estructura del suelo puede variar, la técnica para reparar una zona dañada grande es la misma. Básicamente hay que sustituir la zona dañada por un trozo nuevo de cartón yeso para después enlucir y dejar listo para pintar.

Herramientas para el trabajo

Detector de viguetas

Nivel o una tabla recta

Lápiz

Sierra eléctrica pequeña

Cúter

Martillo de uña

Taladro/destornillador sin cable

Serrucho

Espátula de rellenar

Llana

1 Utilice el detector de viguetas para determinar la posición exacta y la dirección de las viguetas del techo. Si el agujero a reparar es muy grande, se puede meter la mano por él y buscar la vigueta a tacto.

2 Emplee una tabla recta o un nivel y un lápiz para marcar el área del techo que se va a sustituir. Dibuje un contorno fácil de recortar, como por ejemplo un rectángulo; el tamaño deberá ser algo mayor que el agujero, y su superficie se deberá extender hasta la parte central de las viguetas por los dos lados del agujero.

3 Recorte con la sierra eléctrica pequeña el contorno que se ha marcado a lápiz. En la parte paralela a la vigueta y sobre ésta habrá que usar un cúter.

4 Retire los clavos que puedan aparecer sobresaliendo de las viguetas, usando un martillo. Las superficies de madera deberán estar lo más lisas que sea posible, para

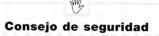

Consejo de seguridad

Cuando se corte o sierra sobre la superficie del techo, compruebe siempre que no hay tuberías ni cables eléctricos en el sitio en el que se va a cortar.

garantizar que no hay obstáculos que dificulten la colocación del parche de yeso.

5 Corte dos listones de madera blanda de 10 por 2,5 cm de la longitud apropiada para que sirvan de travesaños de refuerzo a ambos lados del agujero. Asegúrese de que ajustan perfectamente, y emplee un martillo para encajarlos bien en su sitio de manera que parte de la longitud entre a ambos lados del hueco del techo, y otra parte quede visible a lo largo del borde del hueco.

6 Introduzca los tirafondos de forma inclinada en los rincones a la altura de los travesaños de refuerzo, para que lleguen hasta las viguetas, y con ello se sujetarán bien estos travesaños. Es

mejor taladrar unos agujeros antes de meter los tirafondos para no tener que presionar mucho sobre los travesaños y evitar el riesgo de empujarlos al interior del hueco del techo.

7 Corte un trozo de cartón yeso del mismo tamaño que el agujero. Asegúrese de que el material que utiliza

👍
Consejos profesionales

Unas causas importantes de daños en los techos son las inundaciones. Cuando el agua se filtra a través del suelo de un piso, empapa las planchas de yeso del piso de debajo. Puede que éstas se rompan y se eche a perder una zona amplia. El método de reparación es el mismo que se ha explicado aquí, pero hay que prestar un poco más de atención a los procedimientos de pintado. Ello se debe a que el agua produce una mancha sobre la que no se puede aplicar una pintura al agua, porque la mancha la atraviesa, incluso cuando se ha dejado secar totalmente antes de pintar. Por ello es recomendable pintar esa zona primero con capa base al aceite, antes de aplicar otras capas de pintura al agua o acrílica. De este modo la marca quedará sellada y la mancha no reaparecerá.

es un poco más delgado que el del techo. Sujete el trozo nuevo en su sitio con clavos para cartón yeso que se clavarán sobre las viguetas y los travesaños de refuerzo.

8 Rellene a lo largo de las uniones del parche el techo que lo rodea con yeso de capa ligante. La espátula de rellenar es el mejor utensilio para realizar esta tarea; asegúrese de apretar el yeso con fuerza sobre la unión, para que no queden huecos sin rellenar.

9 Mezcle yeso multiacabados y aplíquelo sobre el hueco que se ha tapado, utilizando una llana. Procure que el nivel de la capa quede alineado con el techo, alisando los bordes del parche hacia la zona de alrededor. Para conseguir un acabado más uniforme, pase una brocha húmeda por la zona de yeso de alrededor. Una vez que se haya secado el yeso, se podrá lijar. Cuando se trabaje el acabado de una capa fina de yeso, recuerde que hay que mojar la llana cada poco tiempo,

y después pasarla por la superficie que se va a alisar; esto hay que hacerlo antes de que la capa se seque. Recuerde también que si la diferencia de grosor entre el cartón yeso existente y el nuevo es más de 3 mm, es mejor aplicar dos capas finas de yeso mejor que una gruesa. Esto es así porque, durante el secado, una capa gruesa se puede resquebrajar debido a su propio peso, con lo que la zona reparada quedaría demasiado visible.

PREPARACIÓN PARA LA PINTURA

Para conseguir un buen acabado y que el hueco reparado resulte lo más imperceptible posible, aquí se dan unas indicaciones finales para aumentar la invisibilidad de la reparación.

- **Lijado fino:** El lijado es la forma normal de preparación de paredes, pero es todavía más importante después de realizar la reparación de un parche. Aplicando una masilla fina seguida de un lijado adicional, se mejorará la calidad del acabado final.
- **Pintura de un parche:** A la hora de pintar un parche, incluso empleando un color idéntico al del resto del techo, el parche resultará visible sobre el resto del techo. Es por tanto mejor dar una capa de imprimación a la zona del parche, aplicar después una capa de pintura de acabado y por último la capa superior sobre toda la superficie del techo. Esto parece exagerado, pero permite disimular completamente el parche sobre el conjunto final.
- **Forrado:** La mejor fórmula para forrar el techo es hacerlo después de la reparación del parche. El espesor del papel de forrar techos (entre 1.000 y 1.200 micras es el más apropiado) contribuye a alisar más la superficie del techo y reduce la probabilidad de que los parches resulten visibles. Una vez forrado el techo, habrá que pintarlo de forma normal.

Reparaciones sobre paredes huecas

Existen paredes huecas en casas de todas las épocas y edades; las casa modernas a menudo contienen paredes de entramado, mientras que en casas antiguas podemos encontrar paredes de yeso y listones. En ambos casos hay un hueco en el interior de la pared que puede ser problemático a la hora de realizar reparaciones. Cuando se pone masilla o yeso sobre un agujero en la capa exterior de una de estas paredes, se suele caer hacia el interior de este hueco, a no ser que se aplique algún tipo de sujeción hasta que se seque.

Pequeñas reparaciones de los listones

En las casas antiguas que tienen paredes de yeso y listones, suele ocurrir que algunas partes del yeso se sueltan y se caen. Los listones partidos pueden ser la causa de que se agriete el yeso, por lo que habrá que cambiar éstos antes de volver a poner el yeso.

Herramientas para el trabajo

| Cúter |
| Cepillo para el polvo |
| Tijeras |
| Destornilladores |
| Llana |
| Paleta de mezclar |

1 Corte alrededor del agujero con un cúter. Retire con cuidado todo el material suelto hasta llegar a una zona en la que el yeso esté firmemente sujeto a los listones.

2 Utilice un cepillo para limpiar los listones, eliminando el polvo y los escombros de su superficie. Dedique

una atención especial a la parte de abajo del agujero, en la que se suele acumular el material suelto.

3 Corte un trozo de tela metálica con una tijera del tamaño del agujero. Fíjela a los listones con tirafondos para que quede fuertemente sujeta. Puede ser mejor taladrar unos agujeros en los listones para poner después los tirafondos más fácilmente.

4 Empape el agujero con solución de pva (cinco partes de agua por una de pva) y después cúbralo con una capa de yeso ligante, presionando sobre la superficie con la llana. Haga muescas sobre la superficie con el borde de la paleta de mezclar. Asegúrese de que el nivel de la capa nueva de yeso queda un poco por debajo del de la pared de alrededor.

5 Una vez que se haya secado la capa de yeso ligante, mezcle y aplique yeso de una capa sobre el agujero, apretando y alisando con la llana. Deje secar y después lije hasta obtener un acabado liso. Después de esto se podrá pintar en la forma habitual.

👍 Consejos profesionales

Como alternativa al yeso de una capa se puede emplear yeso multiacabados. Sin embargo, el de una capa tiene un poco de textura, por lo que suele proporcionar un acabado más parecido al de las paredes antiguas de yeso y listones. Por otra parte, el yeso multiacabados es más fino y su textura corresponde más a la del acabado del yeso moderno.

Reparaciones en paredes de entramado de madera

Las paredes de montantes necesitan una técnica de reparación diferente a la explicada para las paredes de yeso y listones, pero el punto importante sigue siendo proporcionar sujeción al material de relleno mientras se seca.

Herramientas para el trabajo

Cúter

Sierra para paredes en seco

Taladro sin cable

Rasqueta

1 Haga un corte cuadrado con el cúter alrededor de la zona dañada. Para paneles de cartón yeso más gruesos se tendrá que emplear la sierra para paredes en seco.

2 Corte un trozo de cartón yeso de tamaño ligeramente mayor que el agujero de la pared. Taladre un agujero en su centro y enhebre por él un trozo de cordel doblado. Ate un clavo a uno de los extremos del cordel para que

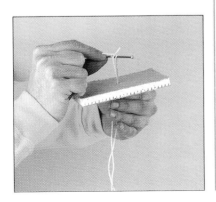

haga de tope sobre uno de los lados del trozo de cartón yeso.

3 Aplique adhesivo multiuso sobre el trozo de cartón yeso por el lado opuesto al del clavo. El adhesivo deberá ir alrededor de todo el borde de la pieza de cartón yeso.

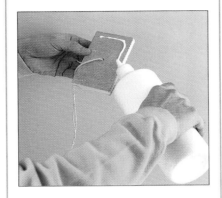

4 Introduzca el trozo de cartón yeso por el agujero de la pared. Sujete con una mano del cordel para que el trozo no se caiga en el hueco interior.

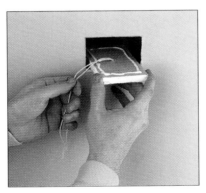

5 Maniobre con cuidado estirando del cordel para conseguir que el trozo se coloque en la correcta posición tapando el agujero, de manera que el adhesivo se pegue a los bordes interiores del agujero. Ate el otro extremo del cordel a un recorte

Consejos profesionales

La forma de tratar las paredes dañadas se explica en la página 122, pero si los daños se extienden a la cavidad interior de la pared habrá que emplear un sistema distinto.

de madera para ayudar a que el trozo de cartón yeso se mantenga en su sitio.

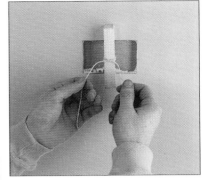

6 Una vez que se haya secado el adhesivo, quite el recorte de madera y corte la cuerda. Utilice una masilla de relleno multiuso para cubrir el agujero. Hay que poner más de una capa para conseguir un buen acabado.

Agujeros grandes

Para el caso de agujeros más grandes que los indicados anteriormente, se puede emplear la misma técnica que para los techos dañados. Corte alrededor de la zona dañada hasta llegar a los montantes verticales y forme un agujero rectangular. Coloque y sujete bien unos travesaños de refuerzo en la parte superior y en la inferior del agujero. Corte una porción de cartón yeso que ajuste con el tamaño del agujero, asegúrelo al hueco clavándolo con clavos y rellene los bordes de unión con yeso. La técnica se puede usar para cualquier agujero que se tenga que tapar. Coloque y fije los montantes y travesaños de refuerzo que sea necesario antes de tapar el agujero con un trozo de cartón yeso y aplicar más yeso para fijar las uniones.

Reparaciones en paredes macizas ⁄⁄⁄

En gran medida, las reparaciones en las paredes macizas son más fáciles de llevar a cabo que las de daños equivalentes en paredes huecas. Esto se debe a que no hay que preocuparse por proporcionar soporte mientras seca el yeso. Sin embargo, el lograr un acabado que mezcle bien con la zona circundante de la pared puede constituir un reto. Tanto si la pared reparada es de ladrillo, como si es de bloques o piedra, puede usarse la misma técnica en la reparación.

Herramientas para el trabajo

Mazo (almádena)

Escoplo

Guantes de protección

Gafas de seguridad

Cepillo para el polvo

Brocha vieja de pintar

Paleta de albañil

Llana

1 Retire todos los restos sueltos del agujero. Utilice un mazo y un escoplo para eliminar las zonas rugosas de revoco o yeso viejos. Use siempre equipos de seguridad, como los guantes de protección o las gafas de seguridad en este proceso, para protegerse a sí mismo de los restos que suelen saltar desde la superficie de la pared.

2 Limpie el agujero tan a fondo como pueda, usando un cepillo para polvo. Preste especial atención a la zona de los bordes, en la que suele recogerse el polvo y la suciedad. Antes de comenzar ningún trabajo, hay que retirar todos los materiales sueltos, de modo que el agujero quede totalmente libre de polvo.

3 Mezcle algo de disolución de pva (cinco partes de agua y una parte de pva) y aplíquela sobre el agujero, usando una brocha vieja. Preste mucha atención a los bordes del agujero, permitiendo que la disolución se extienda un poco sobre la superficie de la pared, alrededor del agujero.

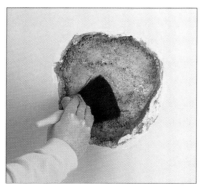

4 Mezcle algo de yeso de capa ligante y prénsela firmemente dentro del agujero, usando una paleta de albañil. Asegúrese de que la capa ligante toma la forma en todas las zonas del agujero, y que alcanza un nivel ligeramente inferir al nivel del resto de la superficie de la pared circundante. Puede resultar más fácil el uso combinado de la paleta de albañil y la llana para lograr un acabado superficial uniforme.

5 Haga hendiduras sobre la capa ligante, antes de que seque, utilizando el borde de la paleta de albañil. Asegúrese de que nada del recubrimiento ligante queda por encima del nivel de la pared circundante, ya que esto afectaría al acabado, cuando se aplique la capa final de yeso.

Consejos profesionales

Si no dispone de recubrimiento ligante y yeso multiacabados, puede hacerse el parche aplicando varias capas de yeso de una capa. Esto no dará un acabado tan liso y totalmente a ras como el yeso multiacabados, pero su superficie ligeramente más rugosa puede resultar más apropiada en superficies de pared menos lisas de casas antiguas.

6 Mezcle y aplique una capa de yeso multiacabados, usando la llana para apretarla firmemente en su sitio. Para agujeros de este tamaño, apoye los bordes de la llana en la superficie de la pared de los lados del agujero, lo que le permitirá obtener un acabado limpio.

7 El acabado puede nivelarse aún más cortando un trozo de listón a una longitud algo mayor que el diámetro del agujero, pasándolo a lo ancho de la superficie enyesada y tratando de mantenerlo, como en pasos anteriores, tan pegado a la pared como sea posible.

9 Alise o pula el parche de yeso con la llana humedecida, hasta que se logre una superficie lisa, a ras con las de alrededor. Una vez que seque el yeso, se necesitará un ligero lijado para alisar la superficie antes de poder llevar a cabo la decoración deseada.

TIPOS DE AGUJEROS

• **Agujeros profundos:** Cuando la profundidad es mayor que la mostrada arriba, puede tener que aplicarse una capa de revoco en el agujero, antes de aplicar el yeso. Como siempre, es más conveniente poner varias capas finas que acelerar el proceso con capas de mayor espesor. La aplicación de capas excesivamente gruesas hace que el revoco o el yeso formen bultos, e imposibilita la obtención de un acabado liso al aplicar las sucesivas capas.

• **Agujeros superficiales:** Cuando ha saltado la capa superior de yeso de las capas inferiores, puede necesitarse tan sólo la aplicación de una única capa de acabado. En estos casos, sin embargo, es frecuente encontrar que, si el yeso de la última capa ha saltado, puede estar a punto de saltar en otras zonas. Conviene dar pequeños golpes con el extremo del mango de la paleta de albañil y escuchar el sonido a hueco, lo que dará una indicación de la estabilidad de la superficie. Si el yeso está claramente suelto, es mejor quitarlo y volver a enlucir en este paso que volver a pintar y enfrentarse poco después con una reparación similar.

8 Después espere a que seque el yeso un poco más. A continuación, utilice una brocha vieja para mojar la llana con agua limpia.

Consejos profesionales

Revocar o enlucir constituye siempre un negocio sucio, por lo que conviene mantener en todo momento limpias las superficies y herramientas. Cuando se aplique revoco o yeso en un agujero, mantenga a mano una esponja mojada limpia, con objeto de limpiar cualquier material que se deposite en la superficie de la pared circundante. Siempre es mejor limpiar esas suciedades de la pared mientras están frescas; si se permite que el revoco o el yeso sequen, su eliminación resultará mucho más difícil y puede requerir la combinación de un lijado y un rascado para lograr una superficie lisa.

ACABADOS

• **Secado natural:** Cuando se parchea una zona pequeña, hay la tentación de forzar el secado mediante la aplicación directa de calor sobre la zona reparada. Esto puede producir la fisuración del revoco o el yeso, con lo que se necesitarán reparaciones adicionales para lograr el acabado deseado. Es mucho mejor dejar que la reparación seque naturalmente a la temperatura de la habitación, de modo que se evite la fisuración.

• **Imprimación:** Tras el secado, hay que asegurarse de que se da una imprimación en la zona reparada, antes de la aplicación de capas de pintura adicionales. Una capa diluida de pintura acrílica (10 partes de pintura y una de agua) es muy adecuada para la imprimación en este caso.

• **Opción de forrado:** En las paredes en que se requiere hacer varios remiendos, puede ser conveniente considerar el forrado de la pared después de completar las reparaciones, con objeto de hacer aún más lisas las superficies. En paredes especialmente onduladas, el papel de fibra de madera o texturado es una alternativa adicional, en lo que se refiere a obtener un acabado de pared aún más igualado.

Reparación de esquinas ⚡⚡⚡

Las esquinas interiores o rincones dañados pueden tratarse de un modo similar a las superficies abiertas de las paredes (véase página 128); se trabaja simplemente con yeso o plaste en la juntura de la esquina y se alisa en su sitio, según se requiera. Sin embargo, en las esquinas exteriores se requiere algo más de trabajo, ya que hay que restaurar el perfil de la propia esquina. Hay dos métodos principales para realizar este tipo de reparación, dependiendo de la extensión y profundidad del daño a lo largo de la propia esquina.

Reparaciones menores de esquinas

Cuando una esquina ha recibido un golpe u otro tipo de daño en una zona localizada, es bastante fácil de reparar y de restaurar el perfil afilado del borde. Conviene tener en cuenta que no importa demasiado la estructura de la pared, ya que se usa la misma técnica en paredes macizas de bloques y en paredes de entramado de madera.

Herramientas para el trabajo

Serrucho

Martillo

Espátula de rellenar

1 Corte una pieza de listón de madera ligeramente más larga que la zona dañada de la esquina. La anchura de la tabla también debe ser algo mayor que la mayor profundidad del daño en cualquiera de las dos paredes que forman la esquina en cuestión. Clave en su sitio el listón a una pared, de modo que su borde corra por la arista de la esquina. Asegúrese de usar clavos que puedan luego ser quitados con facilidad.

2 Mezcle un poco de masilla de relleno y emplee una espátula de rellenar para presionarla en el hueco que queda en la esquina. Use la pared y el listón para apoyar los bordes de la espátula, formando así un acabado liso cuando se pasa la espátula sobre la superficie del hueco.

3 Permita que seque la masilla de relleno, retire el listón y vuelva a colocarlo en la pared adyacente, dejando igualmente que su borde siga la arista de la esquina. Rellene el hueco, según se necesite, llevando el nivel justo hasta, o ligeramente por encima, el nivel del listón y de la superficie de pared de la zona.

4 Permita que seque la masilla de rellenar, quite el listón y lije la esquina hasta lograr un borde suave y afilado. También habrá que rellenar y

lijar los agujeros de los clavos usados para fijar el listón. Si se requiere, utilice una masilla fina para superficies como una medida final para rellenar las hendiduras que no se hubieran cubierto por la aplicación anterior de masilla de relleno.

Reparaciones completas de esquinas

Cuando hay un daño generalizado en toda la longitud de la esquina, es mejor reparar la esquina completa, en lugar de tratar de reparar zonas pequeñas. Para ello es necesario hacer una reparación más mecánica, usando una cantonera para ayudar a restaurar el perfil de la esquina.

Herramientas para el trabajo

Sierra de metales

Paleta de albañil

Llana

1 Corte la cantonera a la longitud requerida de la esquina, usando una sierra de metales. (Una sierra de metales suele producir un corte más limpio y preciso.)

2 Mezcle una cantidad pequeña de yeso multiacabados, compruebe que tiene una buena consistencia. Aplique el yeso con una paleta a lo largo del borde de la esquina exterior a intervalos de unos 30 cm.

3 Presione la pieza de cantonera en su posición a lo largo del borde de la esquina exterior. Permita que el yeso escurra a través de la malla de la cantonera, de modo que haya un buen contacto entre la cantonera y la esquina.

4 Utilice el borde de la paleta para eliminar el exceso de yeso de la superficie de la cantonera. Haga los ajustes finales necesarios en la colocación de la cantonera,

comprobando que está vertical y que corre justo a lo largo de la juntura de la esquina.

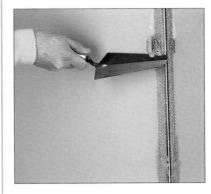

5 Una vez que ha secado el yeso, y la cantonera ha quedado anclada en su lugar, mezcle algo más de yeso y extiéndalo, utilizando una llana, en una ancha banda de la superficie de las paredes circundantes, a cada lado de la esquina. Use el borde metálico de la cantonera para guiar la llana al pasarla por la superficie, tratando de mantener una capa uniforme de yeso en toda la zona de la esquina. Aplíquelo en una banda ancha, de modo que se haga un paso suave entre el nuevo yeso y la superficie existente de la pared. Esto se debe a que si se aplicara yeso en la esquina se obtendría un acabado poco realista a lo largo del borde.

👍
Consejos profesionales

También hay paletas para rincones o esquinas interiores, que constituyen unas herramientas idóneas para formar el perfil de las esquinas interiores, tanto en reparaciones como cuando se inicia el proceso.

Aunque la mayoría de las esquinas presentan un borde preciso, más bien afilado, esto no suele ocurrir en el caso de casas antiguas, donde el borde de la esquina tiene una apariencia claramente roma. A la hora de reparar estas esquinas, no se necesita tener una arista clara en la esquina.

Herramientas para el trabajo

Llana

Espátula para esquinas exteriores

1 Aplique yeso a lo largo del borde de la esquina, usando una llana y dándole forma en su sitio.

2 Pase una espátula para esquinas exteriores por el borde, produciendo en la esquina un borde uniforme, pero no totalmente afilado. Para facilitar el proceso, moje la espátula con agua limpia.

Reparación de elementos de madera ///

Los elementos de madera colocados en la pared necesitan con frecuencia una reparación y requieren el uso de técnicas de restauración bastante distintas de las empleadas en paredes y superficies enyesadas. La madera, ya esté en la forma de panelado, zócalo u otro elemento cualquiera, suele sufrir desgaste causado por golpes, arañazos y astillamientos. Los golpes pequeños pueden tratarse con masilla de emplastecer, pero en el caso de daños más severos puede requerirse la sustitución de las piezas de madera, con objeto de volver a dar a la superficie un acabado atractivo.

Rodapiés

La función del rodapié es proporcionar un acabado a la unión de la pared y el suelo, así como proteger de daños la base de la pared. No es una sorpresa que el rodapié se vea dañado con el tiempo y necesite ser reparado. Para piezas de zócalo pequeñas puede ser más económica la sustitución de la pieza. Sin embargo, en piezas largas de zócalo, esto puede conllevar un gasto innecesario, siendo mejor insertar una pieza en la zona dañada.

Herramientas para el trabajo

Palanqueta
Guantes de protección
Serrucho
Bloque para ingletes
Martillo
Cinta métrica
Tramo húmedo
Puntero para clavos

1 Suelte de la pared el rodapié, usando una palanqueta, de modo que se tenga cierta holgura entre el zócalo y la pared. (Use guantes de protección en este proceso.) Coloque dos trozos de listón detrás del rodapié, acuñando el zócalo, libre de la pared.

2 Coloque un bloque para ingletes enfrente de, y hacia un lado, la parte dañada del zócalo. Corte el zócalo con un serrucho. Traslade el bloque de ingletes al otro lado y corte el zócalo en inglete en el ángulo opuesto. Retire la sección dañada.

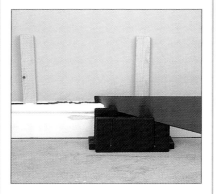

3 Vuelva a clavar en su sitio el zócalo, a ambos lados del hueco que se ha creado. Tome medidas precisas para la nueva pieza que se va a insertar y corte una pieza al tamaño requerido. Recuerde que debe cortar los extremos en inglete en el ángulo correcto, de modo que ajuste en el hueco.

4 Antes de fijarlo en su sitio, compruebe que la nueva sección ajusta. Aplique algo de cola para madera en los cortes de los bordes de la nueva pieza y coloque ésta, eliminando los excesos de adhesivo mediante un trapo mojado.

5 Fije la pieza permanentemente en su sitio, clavando puntas para paneles a través de las juntas en inglete de ambos extremos de la nueva pieza. Tres puntas en cada lado bastarán. Golpee con el puntero en las cabezas de las puntas, antes de volver a pintar el zócalo.

Reparación de machihembrados

Los daños en panelados machihembrados presentan un conjunto diferente de problemas, ya que retirar el panelado –que tiene un mecanismo de fijación oculto– puede presentar riesgos. Se requiere por tanto algo de ingenio para reemplazar las tablas, evitando simultáneamente dañar las circundantes.

Herramientas para el trabajo

Taladro sin cable

Sierra para pared en seco o sierra de calar pequeña

Palanqueta

Martillo de uñas o tenazas

Serrucho

Maceta de madera

Formón

1 Taladre un agujero a un lado de la tabla dañada y a lo largo de la junta formada con la tabla adyacente. Elija una broca del tamaño suficiente para que permita insertar la hoja de la sierra de calar o de paredes en seco.

2 Utilice una sierra de calar o de paredes en seco para cortar en la junta. Trabaje hacia arriba y hacia abajo a lo largo de la junta, hasta lograr la total separación de las dos tablas. La precisión no es fundamental, ya que se trata sólo de tener acceso a la tabla dañada, para poder hacer la reparación.

3 Quite, levantando con una palanqueta, la tabla dañada. Puede también tener que trabajar un poco en el otro lado de la tabla, puesto que también puede haber algunas fijaciones escondidas, sujetando el panel. Sin embargo, con un lado suelto, la combinación de hacer palanca y aflojar acabará por liberar la tabla. Conviene también quitar la tabla adyacente a la dañada, ya que el daño producido al quitarla acabará notándose.

4 Después de haber quitado las dos tablas, utilice un martillo de uña o unas tenazas para quitar todos los clavos o puntas que puedan verse en los listones ahora visibles, por debajo

del revestimiento machihembrado. Si no quita todos los clavos, el proceso puede verse entorpecido en una etapa posterior.

5 Corte dos nuevas medidas de panelados y machihembrados y ajústelas a la medida. Use unas tenazas y un formón para recortar los panelados – esto se debe a que se pueden haber dañado las zonas de ajuste al extraer los panelados. Así será más fácil el poder ajustar las tablas en el panelado ya existente.

6 Encaje las dos nuevas tablas en el panelado y asegúrelas en su sitio mediante puntas para paneles. El nuevo panelado puede ahora recibir una imprimación y repintarse.

👍

Consejos profesionales

El machihembrado se suministra en muchos espesores. Por ello, compruebe sus necesidades antes de comprar las nuevas tiras para la reposición.

glosario

Acrílico: Describe la estructura de una pintura o barniz usados en zonas abiertas, tales como las pares y techos.

Aglomerado: Material para suelos hecho de fibras de madera prensadas, y suministrado en planchas. Las planchas suelen estar machihembradas para su unión.

Anclaje al hormigón: Tornillo diseñado para hacer fijaciones a la albañilería, sin necesidad de tacos.

Asentamiento: Problemas de cimentación en las casas, que causan serias fisuras y movimientos de la estructura.

Atadura o anclaje de pared: Unen las capas interior y exterior de las paredes de cámara de aire.

Barniz: Medio al que se añaden colorantes para crear los efectos de pintura.

Hay variantes al agua y con base de disolventes.

Barra antirruido o aislante: Tira de metal que se une a las paredes o viguetas, y a la que se fijan las planchas de cartón yeso. Las fijaciones deben unirse a esta barra, en lugar de hacerlo directamente a la pared.

Base de disolventes: O al aceite. Término relativo a un tipo de pintura o barniz.

Caja de conexión: Caja en cuyo interior se hacen las conexiones eléctricas.

Cantonera: Tira de metal en ángulo recto, usada para crear un perfil afilado en las esquinas exteriores, antes del enyesado.

Cartón yeso: Capa de yeso prensada y envuelta entre dos papeles gruesos, formando un sándwich. Se fabrica en planchas para su uso como elementos

estándar de construcción para superficies enlucidas o forradas en seco.

Cáscara de huevo: Pintura resistente con un acabado mate apagado. Disponible en versiones acrílica y con base de disolventes.

Cerco de puertas: Cerco de madera que forma la estructura de la parte interior del marco.

Cinta de tela para juntas: Cinta tradicional para cubrir juntas entre planchas de cartón yeso.

Cinta para juntas: Cinta usada para las juntas de planchas de cartón yeso, antes de su enlucido.

Colgador de viguetas: Soporte metálico usado para sostener la carga y la posición de los extremos de las viguetas de la estructura del techo.

Colorante: Color concentrado, suministrado en tubos y contenedores pequeños. Se usan para dar color a pinturas y barnices acrílicos, para conseguir efectos de pintura. Algunos son universales, en el sentido de que pueden añadirse a pinturas y barnices acrílicos y con base de disolventes.

Contrachapado: Finas láminas de madera pegadas juntas para formar un tablero de construcción. Las vetas de las capas alternas suelen estar dispuestas en ángulo recto entre ellas.

Cornisa: Moldura decorativa aplicada a la unión del techo y la pared. En general están más adornadas y de mayor

espesor que las molduras de techo normales.

Detector de viguetas: Dispositivo sensor usado para localizar la posición de las viguetas en techos y paredes. Algunas tienen un modo de funcionamiento diferente que sirve para detectar el recorrido de cables y tuberías.

Dintel: Estructura de soporte insertada sobre ventanas, puertas y huecos de paredes.

DPC: Siglas inglesas que corresponden a la lámina de protección contra la humedad. Forma la barrera que evita la penetración de humedades desde el subsuelo en la estructura principal de las paredes.

Emulsión: Pintura acrílica o al agua usada en zonas abiertas, tales como paredes y techos.

Enlucido de última capa: Aplicación de la capa superior de yeso a la superficie de la pared.

En-suite: Incorporado a la habitación. A veces se aplica a los cuartos de baño directamente anejos y que dan servicio a una habitación en particular. Las habitaciones en-suite se crean normalmente construyendo un tabique de entramado de madera en una habitación mayor.

Espaciador: Elemento divisor colocado entre los azulejos cerámicos para mantener la uniformidad de las distancias entre azulejos.

Esquina exterior: La esquina que penetra hacia el centro de la habitación.

Esquina interior: Las esquinas que apuntan en el

glosario

Panelado machihembrado: este tipo de panelado de madera es muy útil para cubrir paredes rugosas o poco uniformes.

Cinta para juntas

sentido contrario al centro de la habitación.

Fijación inclinada: Colocación de clavos y tornillos en ángulo en la madera o albañilería.

Forrado: Se refiere al uso de papel de forrar que se coloca en las paredes.

Forrado en seco: Se refiere a la técnica de combinar las planchas de cartón yeso y la masilla de rejuntar para obtener una superficie de pared o techo lista para su decoración.

Friso a media altura: Friso que ocupa desde el suelo hasta media altura de la pared.

Hogar: Zona frontal de la base de una chimenea.

Hornacina o nicho: Elemento moldeado de yeso, incorporado o insertado en la superficie de la pared para disponer de una zona de vitrina.

Inglete: Junta en ángulo, normalmente referido a dos piezas que se unen en ángulo recto, es decir, con cada una de las piezas cortadas a 45°.

Listón: Los listones de madera son piezas de madera usadas en las paredes antiguas, antes de la invención del cartón yeso. Los listones de yeso son hojas pequeñas de cartón yeso.

Machihembrado: Mecanismo de interconexión usado para

unir algunos tipos de tablazones y tableros de construcción.

Masilla de rejuntar: Es similar a la masilla de relleno o plaste y se usa para rellenar los huelgos entre planchas de cartón-yeso, cuando se ejecuta la técnica de forrado en seco.

Masilla de relleno flexible: Pasta de relleno suministrada en tubos y dispensada con una pistola de sellador. Debe alisarse para su acabado antes de que seque.

Mástique: Masilla de relleno.

Mdf: Tablero de aglomerado de media densidad. Tablero de construcción hecho con fibras de madera prensadas.

Moldura: Pieza decorativa de madera o yeso usada como detalle decorativo en las superficies de paredes y techos.

Moldura a media altura: Moldura de madera colocada a media altura,

normalmente por encima de un friso a media altura, y que divide la pared en una zona inferior y otra

superior. A veces se denomina moldura de protección contra las sillas.

Nicho: Es un elemento de yeso, construido en un hueco poco profundo de la pared, a menudo utilizado para colocar flores, adornos o estatuas.

Viguetas y listones

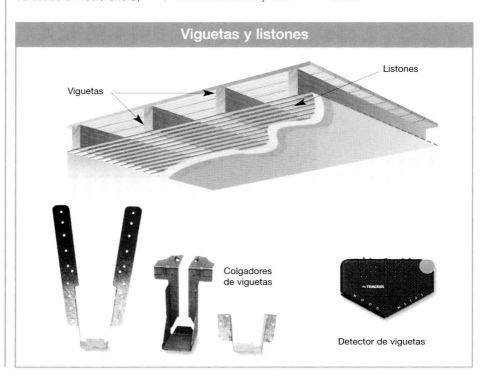

Viguetas

Listones

Colgadores de viguetas

Detector de viguetas

Moldura de marco:
Moldura de madera que se coloca alrededor de los marcos de las puertas y huecos de paso para tener un buen acabado.

Moldura para colgar cuadros: Moldura de madera que se coloca en la parte superior de la pared. Usada tradicionalmente para colgar cuadros. Actualmente usada sobre todo como mero elemento decorativo, para romper la superficie de la pared.

Molduras de techo: Moldura decorativa de la unión de paredes y techos.

Montante: Soporte vertical o pie derecho de madera usado en la construcción de paredes de entramado de madera.

Nivel dividido: Cuando una habitación presenta un escalón, ya sea en el suelo o en el techo.

Pared de cámara de aire: Pared compuesta de dos capas. De hecho, dos paredes separadas por una cámara o hueco. Común en la construcción de muros exteriores de casas modernas.

Pared de entramado de madera: Pared consistente en un entramado de montantes de madera, cubierto por planchas de cartón yeso. Usado en la tabiquería de las casas. Se terminan con yeso o forrándolos en seco.

Pared medianera: La que divide dos propiedades.

Patentado o especial: Se refiere a materiales, herramientas o técnicas específicas de un fabricante o grupo.

Perfil de pared: Placa metálica usada para soportar y unir las paredes de bloques o ladrillos, cuando se une una pared nueva con otra existente.

Placa de cabecero: Larguero de madera para fijar la estructura del techo o parte de la estructura de entramado de madera.

Placa de solera: Tablón de madera que forma la base o fijación al suelo de un tabique.

Plan abierto: Diseño de vivienda con una habitación muy amplia o con dos más pequeñas unidas en una sola.

Plastificante: Aditivo al mortero y hormigón, que facilita el uso y la maniobrabilidad.

Pulido: Se refiere a una técnica de acabado de las superficies enlucidas con una llana o paleta de enlucir.

Pva: Acetato de polivinilo. Adhesivo multiusos, usado para ligar o estabilizar superficies. Se usa tanto concentrado como diluido.

Retocado de esquinas: Pintura cuidadosa hecha en las esquinas y junturas.

Revoco: Recubrimiento con base de mortero, usado como capa inferior de superficies enyesadas en paredes de bloques sólidos, en interiores. En exteriores puede utilizarse como capa de acabado, que puede dejarse vista o pintarse, según se desee.

Rosetón: Accesorio de techo para aparatos eléctricos de iluminación. También se refiere a ornamentos de escayola usados en la decoración del techo.

Sellador: Silicona o mástique en tubos usada para aislar juntas como las existentes entre las paredes y los marcos de las ventanas.

Tacos de pared: Fundas de plástico o metal que se insertan en agujeros taladrados en la pared para alojar los tornillos introducidos.

Travesaño de refuerzo: Pieza pequeña de madera usada en estructuras de techos, paredes y suelos para reforzar el entramado de madera.

Vertido de arena: Técnica de aislamiento al ruido, en la que se introduce arena en el espacio del suelo, con objeto de aislar y reducir la transmisión del ruido a través del suelo.

Viga de apuntalamiento: Pieza de madera insertada a través de un agujero de un muro de carga para soportar el peso de la pared antes de la colocación del dintel.

Vigas de acero laminado: Usadas en dinteles muy resistentes, al eliminar un muro de carga para unir dos habitaciones en una.

Vigueta: Pieza, en general de madera, usada en la construcción de techos y suelos.

Vinilo: Recubrimiento de protección de algunos papeles de empapelar, o

Tacos de pared

aditivo usado en las pinturas, para mejorar su resistencia y la facilidad de limpieza.

Zócalo o rodapié: Moldura decorativa de madera que se coloca en la base de la pared.

Panelado y machihembrado: este tipo de panelado de madera es muy útil para cubrir paredes deterioradas o con desperfectos.

Índice

los autores

Julian Cassell y Peter Parham han dirigido su propio negocio de construcción y decoración durante varios año, habiendo renovado con éxito gran variedad de pequeñas y grandes propiedades en el Reino Unido. Estos autores premiados han escrito varios libros, que cubren todos los aspectos del bricolaje, y su aproximación innovadora al problema les ha convertido en invitados populares de programas de televisión y radio.

agradecimientos

Los autores desearían agradecer a las personas siguientes por proporcionarles apoyos, consejos y ayuda en general en la producción de este libro: Michael y Sue Read, Mike O'Connor, Kevin Hurley, John y Margaret Dearden, y June Parham.

Murdoch Books (UK) querría ampliar su agradecimiento especialmente a: Angela Newton, Laura Cullen, Helen Taylor, y Iain MacGregor, Natasha Treloar por su gran profesionalidad y su capacidad para resolver sin errores todos los problemas que han tenido que afrontar.

Una vez más, Tim Ridley y Katrina Moore han conseguido que la asistencia a las sesiones fotográficas fuera un placer. Muchas gracias a ellos por sus muchas horas, su buen humor y la paciencia mostrada a lo largo de todo el proyecto. Por último, muchas gracias a Adele Parham por alimentar a las tropas en el momento necesario y estar siempre a mano para aconsejar a dos autores maniáticos.

Todas las fotografías son de Tim Ridley y sus derechos de Murdoch Books (UK) Ltd, excepto: págs. 6, 7 y 8 (Elizabeth Whiting Associates), pág. 9 (Murdoch Books® /Meredith), págs. 22 y 23 (Murdoch Books® /Meredith), excepto la de abajo a la derecha de la pág. 23 (Elizabeth Whiting Associates), pág. 30 (Corbis), pág. 31 izquierda (Corbis), págs. 32 y 33 (Corbis), págs. 40 y 41 (Graham Cole), pág. 55 abajo a la derecha (Elizabeth Whiting Associates), pág. 63 abajo a la derecha (Elizabeth Whiting Associates), pág. 73 abajo a la derecha (Elizabeth Whiting Associates), pág. 93 abajo a la derecha (Murdoch Books®/Meredith), pág. 99 abajo a la derecha (Murdoch Books®/Meredith), págs. 104 y 105 (Murdoch Books®/Meredith), pág. 119 abajo a la derecha (Elizabeth Whiting Associates), pág. 125 (Murdoch Books®/Meredith).